【社会主义新农村建设研究系列】

中国城镇化进程中农民退出机制研究

ZHONGGUO CHENGZHENHUA JINCHENG ZHONG
NONGMIN TUICHU JIZHI YANJIU

郑兴明/著

人民出版社

社会主义新农村建设研究系列

顾　问：李　周

主　编：郑传芳

副主编：朱　钢　　阮晓菁

目　录

1 导　论

1.1　选题背景与意义

当前,中国农村地区正经历一个急剧变革的时代。农村社会人口流动与农民职业分化在广度和深度上进一步发展,伴随而来的是,农民对农地的依赖性也在不断降低,尤其是新生代农民,他们的职业多样化,从事农业耕作的比率在不断下降,因而农地抛荒、资源浪费的现象也愈发严重。在此背景下,如何集约利用土地,推进农村城镇化与现代农业的发展,这是个极具现实意义的重大课题。

中国的耕地面积在急剧减少,这是不争的事实①。耕地播种面积的减少,对我国粮食安全构成极大的威胁。尽管技术、化肥、人力资本及其他中间投入的增加有助于弱化耕地流失对粮食生产的负面影响(E. Lichtenberg & C. G. Ding, 2008),但在诸多影响粮食产量的因素中,土地播种面积和成灾面积是最为关键的变量(石磊,1999;郭淑敏等,2007;綦校海等,2009;庄道远等,2010)。在技术和资本无法替代土地的情况下,保持耕地面积的基本稳定是实现我国粮食产量相对稳定的根本前提。为此,各级政府出台了

---

① 2011年2月全国人大农业与农村委员会审议《发展改革委关于落实全国人大常委会对国家粮食安全工作情况报告审议意见的报告》时透露,目前中国耕地面积仅约为18.26亿亩,比1997年的19.49亿亩减少1.23亿亩,中国人均耕地面积由10多年前的1.58亩减少到1.38亩,仅为世界平均水平的40%。18亿亩耕地岌岌可危。

诸多惠农强农政策以强化耕地保护,保障粮食生产安全。国务院从 2004 年至 2011 年连续 8 年出台"中央一号"文件都把农业增产与农民增收作为扶持农业与农村经济发展的主要目标,显示中央政府对农业与农村经济工作的高度重视。但是,从各地调查数据显示,耕地闲置浪费现象并没有得到有效地遏制,这使得中央政府在农村稳定家庭承包制的基本政策受到了严重的挑战。

如何促进农村土地的集约利用和提高土地资源配置效率一直是各级政府与学术界关注的焦点。当我们在研究这个课题时,必须把它放在城镇化快速发展的宏观背景下来思考。城镇化是现代化文明社会的基本标志,也是解决我国"三农"问题,实现城乡协调发展的必由之路。改革开放以来,我们走上了一条具有中国特色的城镇化发展道路①,截止 2011 年中国城镇人口已达 6.91 亿,城镇化率达到 51.27%,已经逐步接近中等收入国家的平均水平②。随着城镇化的不断推进,我国传统的农村经济结构正在急速瓦解,与此同时,现代的农村经济与社会秩序尚未建立,由此引出了一系列经济与社会难题。其中,突出的问题是:一方面,农村人口空心化导致的农地抛荒、闲置浪费现象日益凸显(邾鼎玖等,2000;常伟,2011);而在另一方面,农村居民点无序扩张、侵占耕地现象更加严重(张秀智等,2009)。"农村不像农村,城镇不像城镇"已经成为农村经济社会发展中出现的新局面。这既造成了土地资源配置效率的下降,也危及我国的粮食安全和经济的全面健康发展。问题的症结在于伴随着工业化和城镇化的发展,农村人口流动愈发频繁,而我们尚未找到一条行之有效的农民退出机制。由于农民退出机制的缺失,导致了农民在社会流动中选择永久地退出农村和农地的比

---

① 关于中国特色的城镇化发展道路涵义在学术界有不同的阐释。肖成金等(2009)认为,中国特色城镇化道路就是与中国人口多耕地少的基本国情相适应,加快农村人口向城市和城镇转移,按照统筹城乡、布局合理、节约土地、功能完善、以大带小的原则,实现大中小城市和小城镇的合理布局与协调发展。

② 数据来源于中华人民共和国国家统计局 2012 年 1 月发布的报告《2011 年我国人口总量及结构变化情况》。

率极低,而"离土不离乡"或"离乡不离土"始终成为广大农村地区农民人口流动的最主要形式,农民依然没有割断同土地的"脐带",而真正实现"离乡又离土"的农民市民化尚属于少数。"离土不离乡"是改革开放之初农民就地进入乡镇企业,由从事农业生产转入从事工业生产或进入服务业,个人及其家庭仍然居住在乡村的一种社会流动模式;而"离乡不离土"是农民到大城市或沿海地区从事第二、三产业生产,但由于土地制度和户籍制度的禁锢,仍然保留农村户口与土地承包权的一种社会流动模式。尽管"离土不离乡"和"离乡不离土"有其历史的合理性,释放了农村劳动生产力,赋予农民择业的自由,以及带动了乡镇企业的异军突起,但是随着经济与社会发展,其负面影响开始显现出来:

第一,加剧城乡的对立,社会不稳定因素增加。

农民进城务工,为中国的城镇化和工业化发展作出了巨大的贡献,但是由于制度安排上的制约,尽管这些农民在城镇生活和工作,却没有平等地享有城镇居民的同等权益,没有平等地享有他们所创造的经济成果。农民工城市社会融入难成为普遍性问题①。农民工在城市社会遭受着经济、政治、文化、社会保障、教育和空间等多个方面的社会排斥(江立华,2006),大量农民工在城市长期维持一种边缘化状态,并带来了一系列消极的社会影响。尤其是新生代农民工②,与老一代农民工相比,他们文化程度相对较高,寻求体面劳动与尊严生活的愿望更加强烈,但现实与他们的期待又有很大的落差。在此背景下,他们对城市缺乏一种归属感与认同感,由此带来诸多治

---

①　我国学术界提出了"半城市化"的概念,指农村人口向城市人口转化过程中的一种不完整状态,其表现为,农民已经离开乡村到城市就业与生活,但他们在劳动报酬、子女教育、社会保障、住房等许多方面并不能与城市居民享有同等待遇,在城市没有选举权和被选举权等政治权利,不能真正融入城市社会。

②　"新生代农民工"的提法在2010年中央一号文件中出现后,中央农村工作领导小组办公室副主任唐仁健在国新办2010年2月1日举行的新闻发布会上,对新生代农民工内涵首次做出了阐释:新生代农民工主要是指的"80后"、"90后"这批人,目前其在外出打工的1.5亿农民工里面占到60%,大约1个亿。广东省人力资源和社会保障厅对新生代农民工做了一份特别调查,广东省80、90年代后出生的新生代农民工为1978万人,占全省农民工总量的75%。

安、管理等方面的难题,社会不稳定因素有不断增加的趋势。

第二,造成土地资源的闲置与浪费,危及我国粮食安全。

随着城镇化的发展和农村社会人口流动的加剧,农村土地资源闲置与浪费现象日趋严重。农民进城务工减少了从事农业的劳动人口,从理论上来讲有助于缓解农业"人多地少"的矛盾。但是由于"离乡不离土",农民工仍然拥有农地承包经营权,他们离开农村走向城市后,不会使留守农民增加土地,并没有改变小农经济的现状。因此,基于现有的土地制度,通过减少农村人口来缓解人多地少的矛盾的措施难以奏效。我们可以看到,伴随着农村人口快速地向城镇转移,农地的闲置浪费现象有不断加剧的趋势。由于土地流转市场机制不健全,且缺乏有效的承包权退出机制,使土地无法集中利用,难以实现规模经营。此外,现有的户籍制度与土地制度,也制约着农民向城市市民身份顺利转变,他们的"落叶归根"情结依然浓厚,在此驱动下,他们把务工的积蓄汇回原籍乡村,在乡村占用耕地建房置业,以备将来还乡养老。这不仅影响了农民土地资源的合理利用和规模经营,危及我国粮食安全,也阻碍了农村现代化的正常进程。

第三,农村空心化加剧,阻滞了农村社会转型。

改革开放以来,农村土地家庭承包经营制的实施,极大地释放了农村劳动生产力,推动了农村剩余劳动力的转移,但同时也加快了农村空心化发展,致使空心村问题日趋严峻。学术界对农村空心化与空心村问题做了较深入的探讨,相关研究成果总结了我国农村空心化的基本特征:农村青壮年劳动力大量外出,留居人口呈老龄化、贫困化趋势;人口、资金等要素流向城市,引起农村经济的衰退和社会结构的变革;基础设施和社会服务的空心化,村庄整体格局和景观风貌受到极大破坏;村中心有人居住的宅基地面积不断减少,而村庄边缘的居人宅基地面积却不断增加等。① 城乡分割的二

---

① 许树辉:《农村住宅空心化形成机制及其调控研究》,《国土与自然资源研究》2004年第1期;薛力:《城市化背景下的"空心村"现象及其对策探讨——以江苏省为例》,《城市规划》2001年第6期;邢成举:《山区与平原"空心村"的差异分析》,《中国乡村发现》2008年第1期。

元体制是空心村形成的根本原因(刘彦随,刘玉,2010)。由于户籍政策、土地制度、劳动就业和社会福利等方面的制度壁垒形成了具有中国特色的"离土不离乡"、"离乡不离土"的劳动力转移模式。这种劳动力转移模式使农村劳动力的流动与土地承包权难以割裂开来,从而给农村经济与社会带来了双向困局:农村大量的青壮年劳动力进城务工,降低了农业劳动生产力,也影响了农业的可持续发展;同时,青壮年劳动力大量外流也促使农村人口结构和社会结构发生深刻的变化,农村空心化、农民老龄化的现象日趋明显,农村留守儿童、留守妇女、留守老人的问题逐渐突出,影响了农村社会转型与新农村建设的进程。

第四,影响农民市民化和城乡一体化的进程。

农民市民化是农村现代化和城镇化发展阶段中的最后落脚点,也是解决"三农"问题,实现城乡一体化的最重要阶段。农民市民化就其本质而言,就是农民离开土地和农业生产活动,进入城市从事非农生产,由农民身份转变为城市市民的过程。在这个过程中,最为关键的环节是农村土地的处置问题。只有农民完全退出农村和农地,做到"离土又离乡",农民市民化的进程才算完成。而中国的农民市民化进程呈现特殊的"中国路径",这一路径表现市民化进程被分割成两个阶段:其一为农民到农民工的转变;其二为农民工向市民的转变。[①] 从严格意义来讲,目前大多数的农村劳动力城乡迁移只完成了农民向农民工转变,而农民工向市民的转变仍步履维艰,障碍重重。[②] 在现有的土地制度安排下,农村劳动力非农化与农民市民化不能协调发展。农地产权主体模糊,所有权权能欠缺,严重阻碍了土地作为一种资本要素的市场流动,绝大多数进城务工农民没有割断自己与农村承

---

① 刘传江、董延芳:《和谐社会建设视角下的农民工市民化》,《江西财经大学学报》2007年第3期。

② 在2011年"中国特色城镇化论坛"上,中国城市科学研究会副会长李兵弟称:2010年中国城市化率是46.6%,而城镇户籍人口占总人口的比例只有约33%,这意味着有13.6%,即1.28亿生活在城镇里的人没有城镇户口及享有城镇居民待遇。

包土地的联系,而是将农村和耕地作为"退可谋生"的底线。如果农民工没有改变对农村土地的依附关系,就无法在城市中真正定居,沉淀下来。当前,农民市民化存在一种"悖论":如果不能让进城务工农民享受城镇居民的同等待遇,就会加剧城乡对立,破坏城乡社会和谐;但是,如果农民工不交出土地而享受与城镇居民的同等待遇,将享受双重保障,与城镇原居民对比,会产生一种新的"逆向"不公平(王国平,2008),造成一种新的不平等。因此,从长远来看,现有的劳动力转移模式不符合农民市民化的客观要求,阻碍了农民市民化和城乡一体化进程。

当前,与城镇化发展相联系的农村剩余劳动力向非农产业转移的模式仍以"离土不离乡"与"离乡不离土"为主导,随着市场化改革的深入和社会转型的加速,这种"退而不出"的人口流动模式加剧了经济结构二元化,严重阻碍了农民市民化进程,影响了第三产业的发展,同时也造成了资源的极大浪费。经过三十年的市场经济洗礼,对于大部分农民而言,土地不再是唯一的生存就业渠道和经济来源,与之相适应的是,农民也不再是一个高度同质的群体,而是一个分化了的、有着不同利益和生活水平的人群。尤其是进城的新生代农民工,他们对家乡的情感在淡化,对农地的情结在减弱,回乡务农的可能性在不断下降,因而农地抛荒、资源浪费的现象也愈发严重。面对人口流动不断加剧、农民日益分化的农村现状,如何促进农地的集约利用以及农民市民化与城镇化的协同发展,这是中国现代化进程中绕不开的课题。

农地的集约化生产和城镇化的健康发展要求有通畅的农民退出机制,而设计合理有效的农民退出机制,必须以农民为主体,充分尊重农民的权益和意愿。实践证明:农村经济社会的变革必须充分尊重农民的意愿,任何违背农民的意愿,单纯依靠行政的力量推动经济社会的转型和推动城镇化发展的方法,都会伤害到农民的利益与感情,也不符合市场化改革的价值取向。因此,在推进农民市民化与农业现代化的过程中必须确立农民的市场主体地位,尊重农民的生产决策意愿。为此,笔者认为,推进农民市民化必

须以农民的意愿为依归;优化城镇化推进机制,建设功能完善、综合承载力
较强的小城镇集群,为那些愿意退出农业并有能力在城镇长期就业的农民
创造更好的生活和工作条件;而构建农地集约化生产的现代农业,是留守农
村、从事农业的农民的根本出路,给那些由于各种原因难以转业或不愿意转
业的农民,有选择继续务农并获得稳定收入的机会。

　　在未来相当长的一段时间内,城镇化以及农民市民化仍是中国发展的
主题,也是解决"三农"问题的根本途径,而学术界对农村人口转移问题也
必将给予持续关注。在此背景下,构筑一种农民从农村及农地良性退出的
驱动模型必然成为我国学者们研究与探讨的热点课题。因此,从研究的发
展趋势来看,国内学术界对我国农民退出机制的研究将进一步深入,具有理
论与实践意义的研究成果也必将不断涌现出来。有鉴于此,本书的研究不
管在理论上还是实践中都具有极其重要的价值。福建是改革开放前沿的地
区,城镇化发展迅速,经济与社会发展水平相对较高,也是农民工比较聚集
的地方,本书以福建省作为调查研究的区域,研究该地区进城务工农民城镇
融入状况、土地承包权退出决策及其相关影响因素,其结论具有一定的前瞻
性和示范意义。

1.2　研究目标与研究内容

1.2.1　研究目标

　　本书以福建省为调查研究区域,选择该省农民工比较集中的福州、厦
门、泉州等设区市作为样本地区,研究在城镇化快速发展的背景之下,农民
工城镇融入状况,以及农民退出农地决策意愿及其相关影响因素,在实证研
究的基础上,尝试构建畅通的农民退出机制的政策框架及其实现路径。本
研究以农村劳动力转移理论、农民市民化理论、农民决策行为理论等相关理
论为依据,主要通过文献检索、演绎归纳等方法提出农民退出机制的理论框

架。在此基础上,通过实地走访、座谈咨询、问卷调查等方法获取相关数据和资料,运用描述统计与计量分析的方法深入分析农民农地利用行为与农地承包权退出决策的影响因素。通过理论和实证分析,我们将发现一些带有普遍性的经验并从中得到一些带有规律性的理论模型和结论,在政策上能够为各级政府的决策部门提供有益的建议。

1.2.2　研究内容

本书研究的主要内容有以下几点:

1.2.2.1　对农民退出机制的一般性理论研究

着重分析:①农民退出机制的内涵以及农民退出机制的理论基础;②建立我国农民退出机制的现实依据;③构建农民退出机制的理论框架。

1.2.2.2　城镇化进程中农民退出机制的现状与存在问题

着重分析:①农村人口"退出"的基本特征与发展趋势;②农村土地承包经营权退出机制的困境与制约因素;③农民退出的实践经验与启示。

1.2.2.3　农民工城镇融入与农地承包权退出意愿调查分析

以问卷和访谈方式对进城务工农民进行调查,研究农民工城镇融入现状以及定居城镇意愿的相关影响因素;了解愿意与不愿意退出农村土地承包经营权的农民工样本特征,深入分析农民不愿意放弃土地承包权的原因以及愿意放弃土地承包权的利益诉求。

1.2.2.4　农民退出决策的实证研究

基于农户理论模型,深入研究农民退出土地承包经营权的理性决策行为;在整理相关数据的基础上运用微观经济计量方法,对农民退出土地承包经营权的相关影响因素进行实证分析,揭示农民退出农地及农村的决策动机、决策态度和决策过程。

1.2.2.5　基于农民决策意愿的退出机制构建路径研究

在实证研究的基础上,从理论上探讨基于尊重农民权益和意愿的农民退出机制的构建路径。主要内容包括:针对农民退出决策的相关影响因素,构建以农地退出补偿为核心的激励机制,促进农地经营权退出的良性发展;优化就业环境与居住环境,提高城镇综合承载能力,促进农村人口向城镇聚集;创新农地使用管理制度,促进农地集约利用,提高农民收入和农业产业化水平。农民退出机制的构建是个复杂的系统工程,需要多方面的协调和制度创新。通过前面的实证研究和本部分的理论分析,我们将勾勒出构建农民退出机制的逻辑框架。

1.2.2.6 总结与展望

通过本书的研究,我们从中演绎出一些带有规律性的理论模型和结论,为建立以农民为主体的退出机制和基于农民需求意愿的城镇化发展提供科学的决策依据。

1.3 研究方法与技术路线

1.3.1 研究方法

1.3.1.1 文献综述法

通过大量的文献资料检索,对城镇化、农村人口转移及农民退出问题进行分析和总结,以准确界定农民退出机制内涵和明确本课题研究的基本思路。

1.3.1.2 实地调研法

通过实地考察,把握样本地区农村经济与社会结构、农民人口迁移模式以及农地利用现状。

1.3.1.3 问卷调查法

通过问卷调查,了解农民退出农地及农村决策的影响因素,收集相关数据为后面的计量分析提供数据支撑。

1.3.1.4 计量分析法

在整理相关数据的基础上运用微观经济计量方法,如运用SPSS16.0社会科学统计软件对农民工城镇定居意愿以及退出农地承包权决策行为进行实证分析。

1.3.1.5 案例研究

对农民退出农地的一些典型案例进行分析研究,进一步揭示农民退出过程中所遇到的制度瓶颈,理解农民市民化中政府与农民之间的利益博弈以及价值取向,通过案例分析,本书可以从中获得一些有益的启示。

1.3.2 技术路线

本研究课题以科学发展观为指导,采用规范的分析方法,按照"资料整理→调查分析→界定问题→深入分析问题→解决问题"的基本逻辑,以尊重农民的权益和意愿为切入点,考察在城镇化快速发展的背景下,农民退出农地决策行为的影响因素以及构建畅通的农民退出机制的路径。

基于本书的研究内容,本书遵循的技术路线见图1-1。

1.4 创新与不足

1.4.1 本研究的创新之处

1.4.1.1 与已有文献不同,本研究强调了农民主体地位

现代农业的构建与城镇化的发展,离不开农民这个主体,任何违背农民的意愿,都会伤害到农民的利益与感情,也不符合市场化改革的价值取向。本课题以尊重农民的权益和意愿为切入点,考察在城镇化快速发展的背景下,农民城镇融入状况、土地利用行为以及退出农地决策行为的影响因素,并对构建农民退出机制的路径选择进行深入探讨。

1.4.1.2 对农民退出机制进行微观层面的分析,利用数量模型实证分析农民退出农地的决策行为

分析各种宏、微观因素对农民退出决策行为的影响机理,深入研究农民

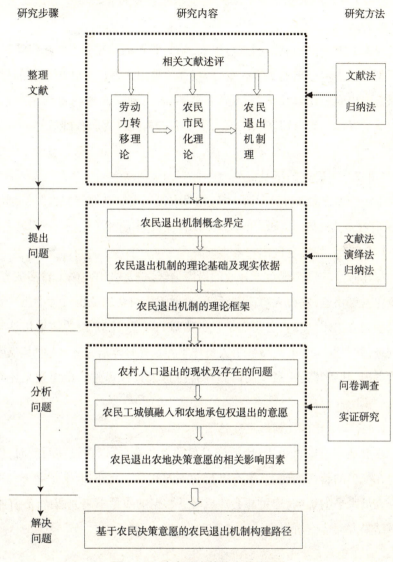

图 1-1 本书研究的技术路线图

退出农地及农村的决策行为动机、决策态度和决策过程等。

1.4.1.3　从城乡协调发展的维度来研究城镇化进程中农民退出机制问题

对农民退出机制的内涵进行扩展,认为职业的稳定性与"更有尊严"的生活是农民决定退出的关键因素,而畅通的退出机制应该达到双重的目标:确保已退出农民在城镇里"沉淀"下来,同时也确保农地的集约生产,为现代农业的发展和农村留守农民收入水平的提高提供物质基础。

1.4.2　本研究的不足之处

由于受多方面条件的限制,本研究对农民退出机制的研究也只是刚刚起步,还存在一些尚待深入研究的领域。总体而言,本研究尚存在以下不足之处:

1.4.2.1　样本地区的代表性问题

福建省是较早实现对外开放的沿海地区,也是吸纳农民工较多的省份,城镇化发展快速,农村人口流动活跃,农地闲置浪费现象也较为突出。本研究以福建省福州、厦门、泉州3个设区市进行了为期21天的实地访谈与问卷调查,共获取425个进城务工人员样本。虽然样本容量不小,但是仅限于福建省内,其研究结论对于国内其他省份是否具有普遍的指导意义还有待于进一步的探讨。

1.4.2.2　样本数据的准确性问题

在实地调查的过程中,因研究对象的复杂性,所以在设计问卷时,仅仅停留在简单的特征描述上,没有进行深入的调研。此外,因受到调查经费和调查人员水平的影响,也可能会造成问卷数据的质量不高。因此,在样本的分析结果方面应有所保留。

1.4.2.3　变量选取的全面性问题

本研究提出了农民工城镇定居意愿、弃耕撂荒行为以及退出农地承包经营权决策的相关影响因素,按内在因素与外部环境因素来进行研究。尽管所选取的变量绝大部分涵盖了影响农民决策的因素,但难免忽略或遗漏某些变量,这可能也会影响到本研究结论的准确性。

2　相关文献评述

　　国内外理论界关于农民退出机制的研究文献极少,而与之相关联的农村人口转移及农民市民化的研究成果相当丰富。农民从农村及农地的退出实质上就是农民市民化的过程,因此,研究农民的退出机制,必然与农村劳动力转移以及农民市民化问题相联系。本章首先就国内外有关劳动力流动和农民市民化的研究文献进行综述,然后,对最近几年国内学者提出的农民退出机制的相关文献进行述评和总结,为本书的研究提供理论基础和依据。

2.1　国内外关于农村劳动力转移的文献综述

2.1.1　国外关于农村劳动力转移的经典理论

　　20世纪中后期以来,西方学者对发展中国家自发性城乡人口迁移和劳动力转移问题进行了大量的理论与模型研究。这些研究至今对我们探讨中国农民市民化问题仍有着重要的参考借鉴意义。

　　对于劳动力转移行为,国外经济学家、人类学家以及社会学家等都予以高度关注,且已有很多较成熟的理论和方法,国内有些学者亦对它们做了系统的归纳与总结,如李佐军(2003)把劳动力转移的研究归纳为5种主要的方法,分别是:经济学方法、人类学方法、人口学方法、地理学方法和社会学方法,程名望(2007)则简要地归纳为经济学、社会学与人类学等研究方法,并阐释了这三种研究方法的内容与区别(见表2-1)。

表2-1 现有劳动力转移的研究框架和方法

		分析视角	代表理论	分析特点
经济学研究	新古典主义方法	个体	托达罗模型、哈里斯模型等	以社会经济结构为分析的出发点,强调社会经济结构刚性及由此而决定的经济发展不均衡的结果施加给转移方的影响
		家庭	斯塔克的新劳动力转移经济理论(投资组合理论、契约安排理论)	
	结构主义方法	社会部门	刘易斯二元结构理论、费景汉和拉尼斯模型、乔根森模型、推拉理论;依附理论、引力模型等	以经济行为个体为分析的基本单位,强调个体利益最大化对转移决策及随之而发生的转移行为的决定性作用
	行为主义方法	个性特征	沃波特的地方效用理论、克拉克模型	研究性别、年龄、学历和收入水平等个性特征对迁移的影响和作用
社会学研究		社会特征	Structuration 理论等	考虑社会文化传统、意识形态、风俗习惯等非经济因素对劳动力转移的影响
人类学研究		人类群体特征	格兰诺维特模型、弗里曼模型等	考虑人类群体的特征和人群之间的相互联系对劳动力转移的影响

资料来源:程名望:《中国农村劳动力转移:机理、动因及障碍》,上海交通大学2007年博士学位论文。

鉴于本书的学科研究方向,在下文,我们将不详细综述基于社会学和人类学研究方法的理论成果,而是立足于经济学研究方法,对国外劳动力转移的部分经典理论进行简要回顾和梳理:

2.1.1.1 推拉理论

推拉理论最早可以追溯到19世纪英国学者雷文斯坦(E. Ravenstien)对人口迁移的研究。雷文斯坦在"人口迁移之规律"的论文中提出了一个著名的迁移七大法则:①人口的迁移主要是短距离的,方向是朝工商业发达的城市的;②流动的人口首先迁居到城镇的周围地带,然后又迁居到城镇里面;③全国各地的流动都是相似的,即农村人口向城市集中;④每一次大的人口迁移也带来了作为补偿的反向流动;⑤长距离的流动基本上是向大城市的流动;⑥城市居民与农村居民相比,流动率要低得多;⑦女性流动率要高于男性。

在人口迁移原因方面,巴格内(D. J. Bagne)最先提出人口迁移"推拉理论"(Push and Pull Theory),他认为人口流动是"推力"与"拉力"共同作用的结果,人口流出地存在各种消极因素促使人口迁出,而流入地存在各种积极的因素吸引人口迁入,迁移者就是根据流出地与流入地之间各种因素进行比较而作出迁移的决策。在巴格内(D. J. Bagne)推拉理论的基础上,李(E. Lee,1966)提出了一个解释人口空间流动的理论框架,他在《移民人口学之理论》一文中,认为流出地和流入地都存在拉力和推力,同时还存在"第三个因素",即所谓的"中间障碍因素":主要包括距离远近、物质障碍、语言文化的差异,以及移民本人对于以上这些因素的价值判断。人口流动是上述三个因素综合作用的结果。

2.1.1.2　刘易斯(A. Lewis)的二元经济理论

在20世纪50、60年代,W·阿瑟·刘易斯(William Arthur Lewis,1954)提出了著名的二元经济条件下的农村剩余劳动无限供给模型(Unlimited Supply of Surplus Rural Laborers under Dual Economy)。该模型将发展中国家的经济划分为农业和工业两个部门,同时将经济发展归结为经济结构的转变,并认为发展中国家存在大量的农村剩余劳动力,其边际生产率接近零,而工业部门劳动力的边际生产率远高于农业,因而工业部门的工资就远高于农业,正是由于两部门的工资差距导致了农村剩余劳动力不断地流向城市。这一过程会一直延续到农村剩余劳动力被城市完全吸收,农业部门和工业部门的工资水平趋同,城乡差别逐步消失,国民经济实现现代化为止。刘易斯的二元经济理论为研究发展中国家农村剩余劳动力的转移提供了一种新思路和新方法,但该理论也存在明显的局限性,如暗含着假设现代工业部门的劳动与资本的比例不变或假设剩余劳动力只存在于农村地区,而城市处于充分就业状态,以及假定劳动无限供给等,这些理论的假设条件并符合发展中国家的实际情况。

由于刘易斯模式假设过于简单,费景汉、拉尼斯(C. H. Fei & G. Rains, 1961)等人对刘易斯的二元经济结构理论做了补充和发展,提出了以分析农业剩余劳动力转移为核心、重视技术变化的"费—拉模型"。"费—拉模型"强调了资本积累和技术创新对工业部门扩张的重要性,同时还强调了只有农业发展了,才能提供更多的剩余农产品和剩余劳动力,以满足工业部门不断扩张而产生的需求。该模型比较符合存在大量剩余劳动力的发展中国家的实际情况。当然,对于中国来讲,该模型存在突出的缺陷是,难以解释在城市存在大量失业情况下,如何实现人口转移的。

2.1.1.3 乔根森(D. W. Jogenson)模型

乔根森模型是美国经济学家戴尔·乔根森(D. W. Jogenson)于1967年在《过剩农业劳动力和两重经济发展》一文中提出,依据新古典主义(New Classicalism)的分析方法创立的一种理论。该理论认为农村剩余劳动力转移的前提条件是农业剩余。当农业剩余等于零时,不存在农村剩余劳动力转移。只有当农业剩余大于零时,才有可能形成农村剩余劳动力转移。从马尔萨斯人口论的观点出发,乔根森认为人口增长取决于经济增长,因此,随着农业技术进步,农业剩余的规模将不断扩大,必然导致更多的农村剩余劳动力向工业部门转移,农业剩余的规模决定着工业部门的发展和农村剩余劳动力转移的规模。

和刘易斯—费景汉—拉尼斯模型相比,乔根森模型从人口内生和消费结构的角度解释了劳动力转移的动因,进一步推进了结构主义方法对劳动力转移问题的研究。但从本质上来看,它仍然没有超越结构主义研究方法的局限性,特别是不能解释在城市存在失业的情况下为什么劳动力仍然愿意向城市转移。

2.1.1.4 托达罗(M. P. Todaro)的迁移预期收入理论

70年代初,美国经济学家托达罗(M. P. Todaro)提出了人口迁移模式(Expected Income of Migration),这是旨在解释发展中国家广泛存在的从农村向城市移民过程原因的一种理论。托达罗认为劳动力的城乡迁移决策不仅取决于城乡实际收入差距,也取决于迁移者在城市里能够找到就业岗位的概率,即预期的城乡收入差距是促使人们做出流入城市决策的基本动因。

以刘易斯—费景汉—拉尼斯模型为代表的结构主义分析方法无法解释为什么在城市存在失业或隐蔽失业的情况下农村人口仍然向城市迁移,而托达罗的迁移预期收入理论很好地回答了这一点。与刘易斯的假设不同,托达罗认为农村中不存在剩余劳动力,相反,他将模型建立在城市失业的前提下。这正是托达罗理论的独特贡献,该理论很好解释了在城市存在高失业率的情况下城乡劳动力迁移仍然继续的原因。

托达罗模型是研究劳动力转移的经典理论,也对发展中国家制定劳动力转移政策有重要指导意义。但托达罗模型也有一些缺陷。如托达罗模型认为农村不存在剩余劳动,这与许多发展中国家实际情况在直觉上并不一致。托达罗模型侧重强调长期转移,对于劳动力短期转移和农村劳动力回流未加考虑。此外,该模型对转移成本的考虑过于笼统,且忽视了制度因素对劳动力转移的影响。

2.1.1.5 斯塔克(Stark)的"新劳动力迁移经济学"

20世纪80年代以来,劳动力流动的研究得到了另一类理论的补充那就是由斯塔克(Stark)提出并命名的"新劳动力迁移经济学"(The New Economics of Labor Migration)。新劳动力迁移经济学提出如下假说:①迁移决策并不是独立的个体行为,而是更多相关的人组成的一个更大的单位——通常是家族或者是家庭的行为;②农村劳动力迁移的主要目标不仅仅是预期收入最大化,同时也为了最小化家庭风险;③在完善且健全的市场体系和金融制度之下,大量的迁移现象将不会发生;④决策受到社会环境的影响,人们总是把自己的收入与一定的群体相比较,由此会产生一定的满足或者失落感。

新劳动力迁移经济学试图以上述四个前提为基础解释农村劳动力迁移问题。该理论的一个特点就是它在更广阔、更复杂、更真实的背景下讨论迁移行为,提供了一种新的视角。新劳动力迁移经济学弥补托达罗(M. P. Todaro)的迁移预期收入理论解释力的不足,即人们的迁移不仅受城乡收入差距的拉动,还受到农村户与户之间收入相对差距的影响,即当农户感受到经济地位与他人相比下降时会有迁移动机。与托达罗模型迁移模型不同,新劳动力迁移经济学将迁移视为一个有内在联系的群体(例如家庭或家族)的决策,家庭成员的个人迁移可以被视为家庭为了应付收入的不稳定而采取的一种自我保护行动。

2.1.2　国内关于农村劳动力转移研究

进入90年代中后期以来,随着城镇化进程的不断加快,农村劳动力转移问题日益受到国内学者们的高度关注,他们在这方面进行了富有成效的研究。

国内学者对农村劳动力转移的研究主要集中在以下几个方面:

2.1.2.1　劳动力转移模式的研究

就农村劳动力转移模式而言,国内学术界多偏重于在应用发展经济学经典理论模式基础上,提出农村剩余劳动力转移的模式,归纳起来大体分为三种:就地转移模式、异地转移模式和多元复合转移模式(惠宁,2010)。就地转移模式认为应该支持乡镇企业发展,形成农民"离土不离乡","进厂不进城",就地发展小城镇,就地消化农村剩余劳动力的格局。随着乡镇企业的发展,使相当一部分农村人口就地转化为城市人口,而且使部分由于城乡迁移政策而未彻底实现地域转移的农村人口成为准城镇人口(陈吉元、庚德昌,1993;崔功豪、马润朝,1999)。一些学者认为就地转移存在局限性,应该鼓励异地转移。董文柱(2003)认为,大中城市和发达地区应该成为转移农村剩余劳动力的主渠道,而那种力图实现农村剩余劳动力大规模就地转移的设想是不切实际的,力图通过优先发展小城镇来吸纳大量农村剩余劳动力的做法很可能会成为一种战略偏差。刘怀廉(2004)也认为农业剩余劳动力异地转移进入城市,有利于推动城乡统一的劳动力市场的形成和发展,有利于推动户籍制度、劳动就业、社会保障等改革的深化,同时也使劳动者获得了最大的收益,掌握了劳动技能,开阔了视野,提高了个人素质。张佑林(2004)结合二元经济理论,认为只有将农民转移进城才能从根本上解决农村剩余劳动力的问题。

多元复合转移模式认为绝对强调某一转移模式都是片面的,必须通过发展多种经营、大办乡镇企业、组织劳务输出、向大中城市、小城镇转移等综合措施,全方位推动农村剩余劳动力转移(惠宁,2010)。张红宇(2003)、李剑阁(2004)等对多元复合迁移模式进行了系统的论述。

2.1.2.2　考察促使农村劳动力转移的影响因素

关于农村劳动力转移的影响因素,国内学者从不同的角度,利用不同的研究方法进行较深入的探讨,相关文献颇丰。蔡昉(1996)研究了本地农村人均收入与全国农村人均收入的比率对于迁移的影响,发现这一比例的增加可以减少迁移,他认为相对收入差距是农村劳动力转移决策的重要影响因素。而蔡昉在与都阳、王美艳等人合著的《劳动力流动的政治经济学》(2003)中认为,农村内部收入差距的扩大所导致的农户相对经济地位的变化也是促使农村劳动力人口向城市转移的重要原因之一。林毅夫等(2004)以各地区以及城乡的实际人均收入为指标,利用1990年和2000年的人口普查数据研究发现,从1985年到2000年城乡之间和沿海内陆地区之间的差距逐渐扩大。收入水平的逐渐扩大,是促使农村劳动力持续转移的根本动力。朱农(2005)建立Logit计量模型,分析了城镇GDP等宏观经济因素对劳动力转移的影响,结果发现:城镇人均GDP越高,吸引劳动力的拉力越大;农村人均GDP越低,劳动力转移的意愿越强。

中国农村劳动力转移的影响因素除了城乡收入差异和地区发展不平衡等宏观因素外,还包括个人特征、家庭特征以及迁移成本等许多微观因素。一些学者的研究已经证实了该结论。如赵耀辉(1997)发现年龄是影响转移决策的重要因素,他注意到转移的概率随着年龄的增加而降低。而Zhu(2002)研究发现,年龄与迁移概率的关系是倒U形的。Denise Hare(1999)发现16—25岁和26—35岁两个年龄段的人最有可能迁移。

对于文化水平,一项大规模调查也表明,初中学历是异地转移的足够条件,留在本地的转移劳动力,反而比那些转移到外地甚至国外的劳动力具有更高的受教育程度(葛晓巍,2007)。Denise Hare(1999)认为正规教育对迁移概率没有产生显著的影响。赵耀辉(1997)也发现正规教育对于迁移只有很小的影响,但是教育对于个人从农业转到非农业工作有显著的正影响,很多教育程度较高的农村居民更喜欢从事本地非农业工作,而不是迁移后找工作。

性别是影响迁移决策的重要变量之一,男性通常比女性更倾向于迁移。赵耀辉(1997)发现女性可减少7%的迁移概率;而 Hare(1999)发现男性可以增加30%的迁移概率。除"性别"外,城乡流动人口的年龄、政治身份以及来源地都没有表现出显著的影响(赵延东、王奋宇,2002)。婚姻状况是迁移决策的另外一个重要的变量,已婚状态可减少迁移概率的程度为2.8%(赵耀辉,1997)。

在家庭特征方面,Hare(1999)认为家庭中女性劳动力多则倾向于外出打工,而家庭中男性劳动力多则倾向于在本地从事非农活动;不过一般说来,家庭中的总劳动力多则倾向于外出打工。人均拥有土地数量少,家庭中未成年孩子数量少的家庭,倾向于外出打工(Du,Park & Wang,2004;Zhao,1999;Rozelle 等,1999;张晓辉等,1999)。Du,Park & Wang(2004)发现:家庭的资源禀赋与劳动力转移倾向呈倒 U 形关系,且该拐点非常接近贫困标准。这表明,有成员要外出打工的家庭必须具有一定的现金财富或者生产资料,最贫困的人群由于相对高昂的迁移成本和风险不会发生迁移,而具有较高收入水平的家庭也不愿外出打工。

寻求更高的收益是农村劳动力迁移的根本驱动力,同时,迁移本身需要一定的成本,迁移成本包括交通成本、生活成本、心理成本、为寻找工作而支付的培训成本和迁移误工造成的机会成本等(辜胜祖、简新华,1994;蔡昉,2000)。迁移者将在成本与预期收益中寻找平衡点。

2.1.2.3　考察影响农村劳动力转移的制约因素

从文献来看,大部分研究认为劳动力素质较低、城镇和乡镇企业吸纳能力减弱、制度障碍是阻碍农村劳动力顺利转移的主要制约因素。蔡昉(2001)研究了制度对农村劳动力转移决策的影响,他认为传统的发展战略以及户籍制度安排限制了潜在的转移行为,当前,制度障碍对劳动力自由流动的障碍依然存在,在这种情况下,无论是预期收入还是人力资本禀赋对转移动力的解释都是不充分的。白南生、宋洪远(2002)等研究认为,政策和体制是影响农村劳动力外出与回流的重要因素。李培林(2003)的研究也表明了制度因素对中国农村劳动力转移有较大的影响,对户籍制度等的改进,将促使农民工顺畅地进城务工。

李强(2003)运用推拉理论模型对影响农村劳动力转移的因素进行分析。并得出结论:中国的推拉模式与其他国家相比存在着巨大差异。户口是影响中国城乡流动的最为突出的制度障碍,它不仅对推拉发生一般的影响,而且还使得推拉失去效力。之所以这样,是因为户籍制度长期地影响着流动农民工,使他们心理发生了变形。

蔡昉等(2003)对政府的就业歧视政策进行回顾,他们发现歧视外地劳动力的就业政策与城市就业严峻程度之间具有时间上的相关性,一般地,随着就业形势的变化,户籍制度改革的步伐也会反反复复。陈金永(2006)认为,户籍制度的改革往往受到政府偏好的影响,迄今为止,户籍制度的改革仅仅对农村人口在城市的居住权开了一些有限的口子,而附加在户口制度上主要职能基本上没有得到改变。城镇户口附加着诸多特权性福利,而其存在依然维持着旧的社会结构,户口制度也不可能被废除。

2.1.2.4　探讨农村劳动力转移的途径与对策

关于农村剩余劳动力的转移途径,张秉丞(2003)提出就地转移的观点,即在本乡村就业和居住,通过农业内部的吸纳和农村内部产业上的转移;刘文勇(2004)提出劳动力转移主要是向小城镇和小城市转移。而甘露莹提出目前中国农村剩余劳动力应重点向大中城市转移。关于转移的对策方面,许多学者提出了不同的见解,主要包括:加强乡村教育、提高劳动者素质、进行制度创新以及建立自由开放的劳动力市场等。如李朝林(2000)、李仙娥(2003)论述了人力资源开发与农村剩余劳动力转移之间的关系。李惠娟(2001)专门论述了户籍制度改革对农村剩余劳动力转移的作用。冯天丽(2001)则以四川省为例分析了农村剩余劳动力转移过程中劳动力市场建设的对策措施。程名望等(2005)的研究表明,城镇拉力已经成为我国农村劳动力转移的根本动因,因而解决我国农业劳动力转移问题的工作思路,必须尽快转移到城镇拉力诸因素上来,特别是在户口、子女入学、就业机会等方面消除歧视,提供城镇医疗、失业保险等社会保障,建立完善的农民工劳动力市场等。

2.2　国内关于农民市民化研究

近十年来,国内很多学者开始关注农民市民化问题,涌现出一批研究成果。这些研究主要集中在农民市民化的意义、障碍、影响因素、对策建议等方面。

2.2.1　关于农民市民化的意义与目标

农民市民化是加快我国现代化建设的客观需要(田珍,2010),是推进工业化、城市化进程的客观要求(徐元明,2004),是全面实现小康社会的重大战略举措(文军,2004)。农民市民化有利于推进城乡一体化的整体发展,对确保城乡社会稳定、国家的长治久安具有重大意义(姜作培,2002、2003;文军,2004)。从土地资源利用的角度来看,陈书卿等(2009)认为,农民市民化可以节约和集约利用土地资源,有利于土地资源优化配置;可以加强保护土地等自然资源,有利于改善生态脆弱地区的土地生态环境;有利于土地资源的可持续利用,促进土地资源优势转化为农业经济效益优势。从增进农民福祉角度来看,农民市民化是增加农民收入(文军,2004)、有效解决"三农"问题的重要途径(姜作培,2003);农民市民化有利于保障农民切身利益(徐元明,2004),能使农民文明素质得到提高,是促进农民全面发展的必由之路(姜作培,2002;文军,2004)。

针对农民市民化的目标,葛正鹏(2006)认为,农民市民化的实质在于其思想意识、生产与生活方式的本质的转变。农民市民化的目标是在城乡一体化基础上最终消除城乡差距政府主导的市民化是农民根据自我需要和能力做出的主动响应。影响非政府主导市民化的因素有:城乡差别、思想观念、家庭收入、文化水平与劳动技能、农用地流转与集中、社会制度以及市民化的外部性等。王竹林(2009)认为农民工市民化目标包括多个方面:农民工市民化总体进程的速度目标、外部制度因素变革和创新目标以及微观层次的农民工素质提高的市民化目标、居住条件的市民化目标、经济生活的市民化目标、社会关系的市民化目标、政治参与的市民化目标、心理认同的市民化目标等。

2.2.2 关于农民市民化的障碍

由于二元分割的城乡户籍管理体制长期存在,使得中国农民市民化进程遇到极大的障碍。现行的户籍制度将城乡人口划分为彼此分割、不平等,且很难逾越的两大社会阶层,使农民,包括进程务工农民无法享有与市民平等的权利(姜作培,2003;杨巍等,2005)。与户籍制度相关联的就业制度、教育制度、社会保障制度等也存在着种种制约因素和障碍。如在社会保障制度方面,仍然保持了城乡分割的二元格局(杜乃涛,2008),城乡居民之间存在着明显的差别,农民没有享有最低生活保障、养老保险、医疗保险、失业保险等社会保障待遇以及住房补贴等社会福利津贴等(严晓霖,2004;姜雅莉,2005)。在农民市民化过程中的农民一方面身份已经转变,但另一方面却不能享受城市居民的社会保障和社会福利(裴涵等,2004)。农村土地管理制度也制约着农民市民化进程。现行的土地制度不准土地自由买卖、自由转移,缺乏流动性和经营权转让市场,影响农民向城市转移(杨巍等,2005;刘传江,2004)。

农民市民化还存在着其他制约因素和障碍。吕柯(2004)认为,农民工市民化过程存在思想认识、政策制度、不同社会群体以及农民工自身素质等方面障碍。钱正武(2005)认为,农民工市民化的障碍在于:遭遇就业歧视、合法权益受到侵害、缺乏社会保障、生活环境恶劣、精神生活空虚、心理矛盾与冲突情绪较为严重、子女不能正常入学、组织依靠和政治参与程度低、与城市政府和市民之间缺乏良性互动、难以融入城市文明等。

2.2.3　关于农民市民化的影响因素

黄祖辉、钱文荣(2004)在调查统计的基础上研究了农村居民的进城决策以及进城农民在城镇生活的稳定性及市民化意愿。常俊梅、马润生(2007)研究了城市农民工的职业对其市民化进程的影响,他们认为由于农民工在城市从事的职业不同,市民化水平也因此出现不同程度的分化。同时农民工在城市劳动力市场上的边缘化状态对其市民化也是一种阻碍。因此,要提高农民工市民化的程度,一方面农民工要树立发展观念,努力提高自身的文化水平和就业技能,同时政府也要积极发挥政策主导作用,提高城市管理水平,积极推进农民工的市民化进程。葛晓巍(2007)在其博士论文《市场化进程中农民职业分化及市民化研究》中,对"农村劳动力非农化转移—农民职业分化—部分农民市民化"这样一个历史过程进行深入考察,并对这一过程中,农民选择非农职业的状况及职业流向、影响农民回流的因素、农民定居城镇的意愿和影响农民在城镇定居的因素,以及处于分化各阶段农民分化的特征进行详细的分析。

2.2.4　关于农民市民化的政策

卢海元(2004)从建立适合农民特点的社会养老保险制度出发研究农民市民化的制度创新路径。他认为,农民应拥有与城市人口平等的发展机会和享受同等的公共服务,平等接受基础教育和职业培训,平等的就业竞争机会和享有劳动保护。建立适合农民特点的社会养老保险制度,这是农民彻底完成城镇化最重要的制度保障和政策选择。樊小刚(2004)指出,目前应首先将农民纳入城镇社会保障体系,这有助于在城乡社会保障制度体系建立起一个连通通道,对最终实现城乡一体化有重要意义。傅琼(2005)认为,政府应创新户籍管理制度、就业制度、社会保障制度、住房保障制度和教育体制,全方位接纳农民,使其进城子女入学享有市民待遇。钱正武(2005)针对农民工市民化进程缓慢的状况,提出有关政府部门应针对农民工市民化进程遇到的问题,"有所为,有所不为",积极推进农民工市民化进程。要求政府部门树立科学发展观,从战略高度重视农民工市民化问题;促进制度创新,为农民工提供市民化的平台;培育社会资本,切实提高农民工的社会地位;开发人力资源,提高农民工在城市的生存能力;转变政府观念和管理方式,加强对农民工的服务管理。黄小军(2005)以政府和农民工为对策主体,对农民工市民化政策进行了博弈分析,论证了农民工市民化政策选择的科学性。认为农民工市民化目标的实现,不仅取决于政府积极的主导作用,而且取决于农民工自身素质的提高。邓鸿勋、崔传义(2006)通过对无锡市的实地调查,对城市政府如何构建进城农民工与原有居民安居乐业、和谐相处、共同发展的行为进行了探讨。认为政府应该转变观念,与时俱进,把农民工视为新市民;以人为本,为农民工提供全方位的服务;制度创新,构建和谐城市,实现农民工分流。

2.3 关于农民退出机制的研究

我国经济与社会体制的特殊性,决定了我国人口迁移模式的特殊性。现有的土地制度安排将工业化和城市化的劳动力储备留在农村,使农民工无法真正融入城市,这是中国城市化滞后且不稳定的主要原因(樊纲,

2010）。因此，推动农民市民化，实现农村人口有效转移的重要环节是要构建一种农民退出农地经营、退出农村的新型机制，而理论界关于这方面的专题研究少之又少。

近几年来，一些学者对农民退出农地及农村问题进行初步研究，他们主要从宏观层面探讨了农民退出机制建立的必要性、制约因素以及对策建议等。如吕天强（2004）认为，由于农地具有保障和福利功能，使一些常年居住在城市且收入已经达到城市居民收入平均水平的农民工，仍然保留着农地。如果没有一定的机制，对退出农地的农民给予相应的补偿，农民是不会轻易放弃农地的，因而必须通过完善现有农地制度，建立农地退出机制，促使务工农民向市民转化。刘传江（2008）认为推进农民工市民化需要从农村退出、城市进入及城市融合这三个环节着手，现有的制度障碍是农民工市民化面临的最主要障碍，突破这一坚冰需要推进三大制度创新：构建农民退出农业、农村的新型机制；建立城乡统一的劳动力市场；打造面向农民工的新型社会保障制度。冯善书（2008）认为，农民集体成员退出机制缺失，是在农村工业化、城镇化和农村深化改革试验的过程中暴露出来的。城镇化、工业化使得农村土地升值成为可能，而改革试验重建农村土地市场的利益分配机制，使本来开始走向凋敝的农村集体经济获得了再生。他提出，构建农民集体成员退出机制必须从改革户籍制度、农地流转制度以及立法框定集体成员退出的基本规则等三个环节入手。简新华、黄锟（2008）在研究农民工市民化的理论框架内对农民退出机制进行分析，他们界定了农民退出机制的内涵，提出以建立土地流转制度为核心的农民退出机制的设计构想。钟涨宝、聂建亮（2010）则初步探讨了农村土地承包经营权退出机制问题，论述了建立健全农村土地承包经营权退出机制的必要性及对策思路，认为只有建立在一整套规范的农地经营权退出程序、社会保障制度完善和户籍制度改革相结合、坚持因地制宜的原则等基础上的农村土地承包经营权的退出机制，才能确保农村土地承包经营权退出的良性发展。楚德江（2011）认为，当前我国农地承包权退出机制仍面临着诸多困境，既缺乏对农民退出农地承包权的有效激励,也缺乏农民城市化的有效途径。因此,改革和完善我国农地承包权退出机制应充分考虑城乡之间、区域之间和谐发展的现实要求,建立农地承包权退出补偿机制和就业地落户的户籍迁移制度,合理确定农地承包权退出后的农地产权归属,并建立对城市政府接纳农民工转变为市民的激励机制。

2.4 研究动态评述

从以上文献综述来看,国内外学者在农村劳动力转移、农民市民化方面的研究已经取得丰硕的成果,而在农民退出农村及农地环节的研究仍显不足,而且已有的研究存在一些缺陷,进一步的深入研究是十分必要的。

首先,尽管在理论上,西方发展经济学对传统社会向现代社会转型过程中的劳动力转移和城乡人口迁移问题的研究做出了巨大贡献,但是,由于中国国情的特殊性,这些理论在研究我国农村劳动力转移问题时具有一定的局限性。比如,中国的城镇化滞后于工业化,而农民市民化又未能与城镇化协同发展的难题,在传统的人口迁移理论框架下很难得到解决的方案。

其次,已有研究缺乏从城乡统筹发展的维度来研究农村劳动力转移、农民市民化的问题。很多文献深入分析了农民市民化及农民定居城镇的各种影响因素,强调了"意愿"定居城镇的农民的出路问题以及对应的制度安排,而忽视了那些"意愿"留守农村并选择农业生产作为职业的农民的出路问题以及他们合法权益的保护。农村城镇化与农业现代化是同一事物的两个侧面,相互促进又相互制约。实践证明,如果不提高农业的生产效率和生产力水平,不提高农村留守农民的收入水平,必然会加剧城乡经济结构的二元化,从长远来看,也会制约城镇化的发展和农村社会的全面进步。

再次,已有研究没有将农民市民化与农民退出机制的内在逻辑联系起来,也未能将城镇化发展与现代农业建设有机地结合起来,当然也就未能从农民生产决策意愿出发来深入探讨农民退出机制问题。我们注意到,"体面劳动"与"更有尊严"的生活是农民决定退出的关键因素,如果未能从农民退出决策意愿的角度来分析农民市民化问题,我们就无法制定有针对性的有效政策。

最后,已有研究缺乏对农民退出机制的微观层面的分析,尤其缺乏对农民退出农地决策行为的定量分析。尚需进一步研究:农户退出农地及农村的决策行为动机、决策态度、形成机制和过程,以及各种宏、微观因素对农民退出决策行为的影响机理等。

3 农民退出机制的理论分析

3.1 相关概念的界定

3.1.1 农民

本书研究的对象是农民,所以我们有必要先探讨一下农民这个概念。

农民,是指农村以种植业、畜牧养殖业为生的社会人群集合,也可以泛指农村劳动力。农户指农村地区以农业、林业、渔业或畜牧业为主的家庭。在中国的各个历史发展阶段,人们对"农民"的理解不完全相同。"农民"一词最早见于《谷梁传·成公元年》:"古者有四民。有士民,有商民,有农民,有工民。"(东晋经学家范宁注:"农民,播殖耕稼者。")南北朝时期颜之推《颜氏家训·勉学》也记载道:"人生在世,会当有业,农民则计量耕稼,商贾则讨论货贿。"由此可见,自古以来,我国便有"农民"群体。

在1989年版的《辞海》是这样解释的:"农民是直接从事农业生产的劳动者(不包括农奴和农业工人)。"而在《现代汉语词典》(1991)对农民的解释是"在农村从事农业生产的劳动者"。根据这两部权威词典的解释来看,"农民"是一个职业概念。然而,在具体实践中,法律界和政策的制定者往往把"户籍"当作认定农民的唯一标准。在我国现有的"二元结构"户籍管理体制下,城市市民与农村居民成为不同社会身份的阶层,并享有有差别的"国民待遇"。因此,在户籍制度下,"农业户口"者成为"农民"的代名词,而不是传统意义上的"从事农业生产的劳动者"。基于此,

"农民"一词的确切定义就演变成"户口登记在农村并为农业户口的农村人"（艾君，2005）。很明显，这种农民概念的界定主要不是一个职业概念，而是一个身份概念。

在国外，"农民"的概念也让许多学者感到困惑，"很少有哪个名词像'农民'这样给农村社会学家、人类学家和经济学家造成这么多困难"。①之所以定义"农民"困难，是因为在现实中农民不仅是一种职业，而且也是一种社会等级、社会身份或一种生存状态、社会组织方式、一种文化模式乃至心理结构等。而在当代发达国家的语境中，农民（farmer）完全是个职业概念，指的就是经营 farm（农场、农业）的人。这个概念与 fisher（渔民）、artisan（工匠）、merchant（商人）等职业并列。所有这些职业的就业者都具有同样的公民（citizen）权利，亦即在法律上他们都是市民，只不过从事的职业有别，这样的定义不存在身份等级界限问题。然而，在许多不发达社会，农民一般不被称为 farmer 而被视作 peasant。而 peasant（汉语"农民"的主要对应词）的定义则远比 farmer 为复杂。

目前在我国学术界，对农民的概念界定尚存在分歧，但最为常用的方法就是从职业的角度来界定的，"从事农业生产的劳动者"成为被普遍接受的概念核心。在本书研究中，"农民"泛指具有农村户籍且拥有农村土地承包经营权的社会群体，既包括留守在农村耕作的农业生产者，也包括进城务工的人员（本书把这部分人员统称为农民工）。

3.1.2 土地承包经营权

依据《农村土地承包法》，农村土地承包经营权是指"农地承包经营者根据承包合同依法取得对集体所有和国家所有依法由农民集体使用的耕地、园地、林地、牧草地以及其他依法用于农业的土地，包括占有、使用、收益

---

① Eatwell John，*the New Palgrave：A Dictionary of Economics*，The Macmillan Press Ltd，1987，p. 241.

和处分的权利"。土地承包经营权是我国农村实行联产承包责任制的产物,是我国农村土地制度的基本内容,是农地使用与经营的主要方式,它是国家对农村土地使用制度进行重大改革的一项根本措施。我国《民法通则》《土地管理法》《农业法》和《农村土地承包法》对承包经营户的权利与义务都作出明确规定。

3.1.2.1　土地承包经营权主要包括以下内容

(1)占有、使用土地的权利。

承包方对所承包经营的土地,有权占有和按照约定的用途加以使用。

(2)生产经营决策权。

土地承包人有权在法律与法规允许范围内,在不改变土地用途的前提下依照自己的意愿选择生产经营方式,其他任何人不得干涉。

(3)收益权和处分权。

它是指承包人在承包地上进行自主经营活动后,对经营所得收益享有占有和处分的权利。如村民在承包地上种植了果树或者农作物,产生的收益就应该归承包人拥有并予以处理,任何单位和个人包括土地所有人均不得剥夺承包人的收益权。

(4)流转权。

它是承包方依照法律规定的转让、互换、出租、转包等方式将其拥有的土地承包经营权流转给第三人,由第三人行使部分土地承包经营权。

(5)优先承包权。

承包期满后,承包人对原承包的土地(包括承包的山岭、草原、荒地、滩涂、水面等)享有同等条件下的优先承包权。但承包期满承包人未履行主要义务的,不享有优先承包权。另外,集体经济组织成员对以其他方式承包的土地也享有同等条件下的优先承包权。

(6)继承权。

它是指承包人在承包期内死亡的,该承包人的继承人继续享有原承包合同法定及约定的权利。

（7）要求补偿的权利。

承包地被依法征用、占用的，承包人有权获得相应的补偿。

3.1.2.2　土地承包经营权人还应该承担如下义务

（1）维护土地的农业用途，不得用于非农业建设。

（2）依法保护和合理利用土地，不得给土地造成永久性损害。

这项义务要求承包方应当严格执行《土地管理法》等法律法规的规定，不得在承包的土地上从事损害性活动，如建窑、挖沙、采石、毁林等。

（3）法律法规规定的其他义务。

这是一个弹性条款，现在《农业法》、《草原法》等法律法规都规定了承包方的响应义务。

对于土地承包权的收回和交回的方式，法律法规也做了明确的规定。如《物权法》（草案）第 135 条规定："对承包期内的承包地，发包人不得收回。承包期内的土地承包经营权人全家迁入小城镇落户的，应当按照土地承包经营权人的意愿，保留其土地承包经营权或者允许其依法进行土地承包经营权流转。承包期内的土地承包经营权人全家迁入设区的市，享有城市居民社会保障待遇的，应当将承包的耕地和草地交回发包人。土地承包经营权人不交回的，发包人可以收回承包的耕地和草地。承包期内的土地承包经营权人交回承包地或者发包人依法收回承包地，土地承包经营权人对其在承包地上投入而提高土地生产能力的，有权获得合理补偿。"可见，本条规定确认了土地承包经营权的收回和交回的方式。

3.1.2.3　法律规定的土地承包合同终止的其他情形

（1）合同解除。

双方协商一致，解除承包经营合同，且承包经营权的提前终止不损害国家、集体或他人利益。如承包方由于从事他业或其他原因无力经营原承包土地，经与发包方协商，可以解除承包关系。

（2）不可抗力。

由于不能归之于当事人任何一方的原因，承包的目的无法实现。例如，承包经营权因不可抗力的原因而不能行使,承包经营的土地被国家征用,确定承包经营合同所依据的国家定购任务、价格、税收等发生重大变化,承包人户口转为非农业户等。

(3)继承落空。

承包方死亡无人继承或者继承人放弃继承的,土地承包经营权也失去了存在的意义,于是消灭①。

3.1.3　城市化、城镇化与农民市民化

对于城市化(urbanization)的涵义,不同的学科依据各自的角度而有不同的诠释,不同的学者分别依据各自的研究视野而有不同的理解。经济学家埃尔德里奇(H. Eldridge)认为"人口的集中过程就是城市化的全部含义",克拉克(C. G. Clark)则将城市化视为"第一产业人口不断减少,第二、三产业人口不断增加的过程",这不仅反映了在城市化过程中,人口在产业结构中的变化,还同时说明了农业经济向非农业经济结构的变化;沃思从另一个角度进行了陈述,他说:"城市化是指从农村生活方式向城市生活方式发生质变的过程。"而诺贝尔经济学奖得主西蒙·库兹涅茨在《现代经济增长》一书中指出:"城市和乡村之间的人口分布方式的变化,即城市化的过程。"

目前,在我国学术界中尚存在"城市化"与"城镇化"之争。有些学者主张使用"城镇化",他们认为英文词 urbanization 中的 irban 是 rural(农村)的反义词,人类种种聚落类型除乡村居民点外,就是城镇居民点,城镇居民点应包括不同规模尺度的城市(city)和镇(town),因此 urbanization 译为"城镇化"更为准确。② 再则,由于大城市发展面临交通拥挤、环境恶化等问题,为了控制大城市化的发展,积极推进小城镇建设,因此为了强调小城镇的重要

---

① 鲁叔媛:《民法案例教程》,法律出版社 2006 年版,第405页。
② 郦松校等:《城市经济学教程》,中国建筑工业出版社 1991 年版,第36页。

性,我们应该把 urbanization 译为"城镇化";但是,另外一些学者则指出,乡村城镇化是城市化的内容之一,是城市化的一个重要组成部分,urban 本身包括城市(city)和城镇(town)。城市化的城市并不是单指建制市,而泛指乡村以外的一切城市型聚落。城市化理应包括城镇化在内,所以使用"城市化"更合理。

在本书中,笔者主要是使用城镇化概念。所谓城镇化,就是指农村人口不断向城镇转移,第二、三产业不断向城镇聚集,从而使城镇数量增加,城镇规模扩大的一种历史过程。反映城镇化水平高低的一个重要指标为城镇化率,即一个地区常住于城镇的人口占该地区总人口的比例。

农民市民化与城镇化是既相互区别又相互联系的概念。城镇化是农民市民化的载体,而农民市民化是城镇化的核心内容。由于中国国情的特殊性,城镇化滞后于工业化,而农民市民化又滞后于城镇化进程。所谓的农民市民化,是指借助于工业化和城市化的推动,使现有的传统农民在身份、地位、价值观、社会权利以及生产生活方式等各方面全面向城市市民的转化,以实现城市文明的社会变迁过程。在本书中,农民市民化包含两项基本内容:一是农民离开土地和农业生产,由农村向城镇转移并在城镇非农就业;二是农民进入城镇后,其身份、地位、价值观念、工作方式、生活方式、行为方式和交际方式,以及就业、住房、社会保障等方面向城市居民转换,并能在城镇定居、沉淀下来。

3.1.4 退出机制

近年来,"退出机制"成为学术界广泛引用的词汇。该词最早源于阿尔伯特·赫希曼(Albert. O. Hirschman)于 20 世纪 70 年代初提出的"退出—呼吁"理论。几十年来,这一理论的被引用率一直居高不下,影响甚广。赫希曼的逻辑起点是,由于社会技术进步和劳动生产率的不断提高,人类的生产活动会创造出一定的剩余,从而使各类组织(包括企业、政党或社团等)都不同程度地具备了承载低效运行的能力。正因为如此,组织绩效的衰减

(deterioration)迟早会发生,经济"松弛"(slack)会不期而至。此时,不论社会制度设计得多么完善,组织都具有不断衰退的倾向。赫希曼认为,当一个企业或组织衰退时,人们表示不满的方式主要有两种:一是退出,即退出该组织或者不再消费该企业的产品;二是呼吁,在仍然保留组织成员或者企业顾客身份的同时发出抱怨。呼吁是为改变现状做出的努力,可以向管理层或上级申述,也可以制造舆论、施加变革的压力。

赫希曼的总体结论是:退出应当与呼吁相结合,即市场性力量(退出主要凭借市场来发挥作用,通常属于经济范畴)与非市场性力量(呼吁是民主的具体表现形式,通常属于政治范畴)的完美结合,呼吁机制作用于前,退出机制作用于后,消费者或会员拥有退出选择的同时,呼吁能在敦促组织绩效回升过程中发挥大的作用。因此,我们需要设计一种有利于退出和呼吁的制度,作为绩效衰减的回应机制,从而提高企业或组织的效率。①

总之,退出机制是一系列保障成员行使退出权的制度及相互作用机理的总和。它是保证社会成员、组成人员独立性的体现,退出机制的存在赋予组织成员自由选择权,主动、自动离开组织。②

3.1.5 农民退出机制

伴随着农村经济体制改革的深化,数以千万计的农民汇集成声势浩大的民工大军,涌向东南沿海,涌进全国大中城市去实现他们致富的梦想。但是因为户籍制度和农村土地制度的羁绊,他们的职业改变了,农民身份未改,形成了具有中国特色的"农民工"群体。这个庞大的群体为城市的发展做了巨大的贡献,却未能平等地分享经济现代化带来的成果。

---

① [美]阿尔伯特·O. 赫希曼著、卢昌崇译:《退出、呼吁与忠诚:对企业、组织和国家衰退的反应》,经济科学出版社 2001 年版,第 112 页。
② 王建友:《完善农户农村土地承包经营权的退出机制》,《农业经济与管理》2011 年第 3 期。

实际上,进城打工是农民最为简单的一种退出方式,它说明相对城市居民而言,农民拥有的社会资源严重贫乏,它是农民对农村组织绩效衰减的一种回应,是几十年来我国农业发展严重滞后的真实写照。[①] 毋庸置疑,农民退出对农业和农村经济发展将带来重大的推动作用,但是在现行的城乡二元管理体制下,农民"退出"途径严重受阻。为此,构建一种畅通的农民退出机制,是提高农业绩效,推动城镇化和农业现代化的必要前提。

目前,由于学术界对农民退出机制研究仍处于起始阶段,因此,关于农民退出机制概念尚未形成一致的和权威的定义。但是,一些学者已经做了较深入的探讨。简新华、黄锟(2008)在他们的著作《中国工业化和城市化过程中的农民工问题研究》中对农民退出机制进行比较系统的理论分析。认为农民的退出,至少包含两个方面的内容:一是从生产经营方式来看,农民从农业生产领域中退出,进入非农业生产领域,退出后的人口依据原来的分配制度所获得的农业生产性资源(使用权)顺利让渡给仍然滞留在农业生产领域的人口;二是从生活空间来看,随着生产经营的内容和方式变化,农民顺利从农村转移至城镇,从农民转变为市(镇)民。他们提出农民退出机制的核心内容,即建立土地流转制度(如图3-1)。

简新华、黄锟认为,必须通过制度创新来建立通畅的农民退出机制。至少在农地使用管理制度、农村退出人口社会保险在制度上进行创新,并努力营造退出农民在城镇生存和发展的合适环境。应该说,迄今为止,简新华、黄锟是学术界里对农民退出机制的内涵做了最为深入的阐释。

农民退出的最大障碍是农地处置的问题。近年来,一些学者也对农村土地承包经营权退出机制做了初步探索。吕天强(2004)、秦晖(2009)、钟涨宝、聂建亮(2010)、王建友(2011)等探讨了建立土地承包权退出机制的

---

① 聂盛:《我国农民的"退出"与"呼吁"机制分析——透视农民问题的新视角》,《湖北社会科学》2005年第2期。

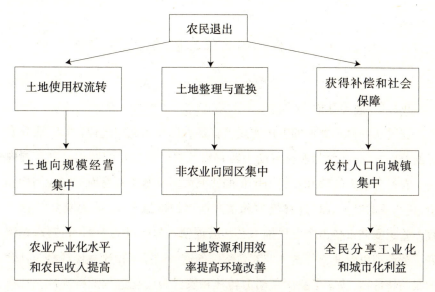

图 3-1 农村人口退出机制的核心内容

资料来源:简新华、黄锟:《中国工业化和城市化过程中的农民工问题研究》,人民出版社2008年版。

必要性和可行性,提出了一些基本对策与思路,但未形成明确的土地承包权退出机制的概念。

基于现实的观察与文献的整理,本书认为农民退出机制实质就是实现农村劳动力顺利转移并走向市民化的各种制度及相互作用机理的总和。畅通的农民退出机制应该赋予农民有主动离开农村、退出农地承包权的自由选择权,能确保已退出的农民融入城镇社会,在城镇里"沉淀"下来,同时又能确保"沉淀"在农村的留守农民有稳定的收入和有"尊严"的生活,而这有赖于农地的集约利用和农业的现代化。退出机制的关键在"退出",而且,随着户籍制度改革的逐渐深入,农地处置问题成为制约农民顺利退出的最大障碍。因此,本书认为,农民退出机制的核心内容应该是能够促进土地承包经营权良性退出的利益补偿机制。

3.2 农民退出机制的理论基础与现实依据

3.2.1 理论基础

农民从农村及农地的退出实质上就是农民市民化的过程,因此,研究农民的退出机制,必然与农村劳动力转移以及农民市民化问题相联系。国内关于农村劳动力转移和农民市民化的研究大多是基于刘易斯的二元结构理论、托达罗的城乡人口迁移模型和雷文斯坦的推拉理论,认为城乡(预期)收入差距或城市拉力和农村推力必然会促使农村劳动力向城市转移,并解释了劳动力由农业部门进入非农业部门的这一过程。由于我国经济与社会体制的特殊性,决定了我国劳动力转移和农民市民化进程的特殊性。现有的户籍制度和土地制度安排使农民工无法真正融入城市,形成了具有中国特色的城镇化道路。因此,考虑到中国的实际情况,以及前面所界定的农民退出机制概念,本书在借鉴国内外劳动力转移与市民化理论的同时,也借鉴了土地产权、土地管理利用等相关理论,它们共同构成了本书研究的理论基础。

3.2.2 现实依据

关于中国的农民市民化,现有研究多着眼于农村劳动力转移的地域或空间配置问题,并着重探讨农民市民化进程中遇到的各种体制和社会制约因素,但往往忽视了农民从农村退出后农地利用和农业发展的问题。换言之,现有研究缺乏从城乡统筹发展的维度来研究农村劳动力转移、农民市民化问题。农民市民化与农业现代化是相辅相成,没有农业的现代化,就不会有健康有序的农民市民化,而农业的现代化依赖于农地的集约利用和规模经营。因此,现实要求我们必须建立一种有效的农村土地退出机制,实现农地的集约利用和规模经营,推进农民市民化和城镇化的协同发展。但是,长期以来,学术界与政界对这个课题没有予以足够的重视。究其原因,在于农村土地问题的复杂性。中央关于土地的基本原则是稳定现有的土地承包关系,并承诺"长久不变",其目的在于给农民更加长期稳定的预期。因此,学术界和各级政府较少地关注农地承包权退出问题,而对于农地流转问题给予极大的关注,相关的研究成果也汗牛充栋。

研究以土地承包权退出为核心的农民退出机制的现实依据在哪里? 这是由中国现代化目标和所处的国内外环境所决定的。保障国家粮食安全、促进农民市民化以及实现城乡协调发展,必然要求我们构筑一种农民从农村及农地有序退出的驱动模式。在此,本书想厘清以下三个问题:

3.2.2.1 中国是否存在粮食安全问题?

当前学术界有一种观点:"粮食安全是个伪命题。"他们认为没有必要划定 18 亿亩耕地,没有必要建立严格的耕地保护制度。主要的理由是:经济全球化下,粮食贸易自由化,我们可以从世界市场上进口粮食来弥补国内供给不足。严格的耕地保护政策不但影响中国工业化进程,也延误了城镇化,因此,中国根本不存在所谓的粮食危机,粮食安全与耕地面积并无直接关系(茅于轼,2010)。新中国成立以来,中国政府和人民一直在为粮食自给而努力,总体上看,我们粮食的增长超过了人口的增长,粮食基本上实现了自给,用占世界 7% 耕地养活占世界 22% 人口。但是,应该看到一个基本事实:水土资源短缺、生态环境恶化、农业生产及投资效益低下等不利因素将越来越严重地制约我国农业发展。近十年来,我国农产品进口正加速增长,与此同时,国家粮食安全观也在发生深刻的变化:由侧重国内粮食供需平衡转变到统筹国内国外两个市场和两种资源;由"调解余缺"为目的的被动粮食进口转变到以"结构平衡"为目的的对市场紧缺品种主动进口(李国祥,2011)[①]。

---

① 查文晔、焦国栋等:《中国成为美农产品最大进口国,粮食安全观发生深刻变化》,《人民日报》2011 年 2 月 12 日。

当我们考虑国家粮食安全时,必须更多地从国际环境以及国家经济社会发展走势的角度来思考。目前,中国粮食日益依赖从西方进口成为国内各界普遍关注的一个焦点。从2004年开始,中国粮食进口量大幅增长,而出口量锐减(如图3-2)。国内粮食进出口受到国际市场的影响越来越大,尤其是大豆、棉花等农产品对外依存度较高的品种,受到全球农产品价格上涨影响更加明显,有引发输入型通胀之虞。全球每年粮食国际贸易量约2.5亿吨,仅相当于我国粮食年消费量的1/2。虽然我们可能有足够的外汇进口粮食,但是如果过度地依赖进口,不仅可能出现受制于人的窘况,而且会对世界粮食市场产生很大冲击,将使世界进入粮食短缺时代,并对世界其他低收入和贫粮国家构成威胁,甚至引发政治动荡及国际争端,影响世界安全。

中国粮食进出口量

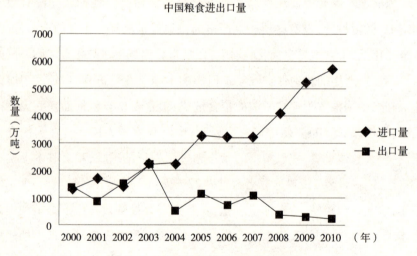

图3-2　中国粮食进出口变化趋势图

资料来源:根据《中国农村统计年鉴——2011》相关数据整理制作而成。

就国内而言,我国正处于城镇化加速发展的阶段。在城乡二元结构未能改变的背景下,农村人口快速地向城镇转移是必然趋势,与此同时,农地抛荒和被侵占的现象将愈发严重。随着农村人口空心化与老龄化的加剧以及耕地大量流失,我国粮食的生产能力也将不断萎缩,在自然灾害影响加重,国际市场调剂余缺空间缩小趋势下,我国粮食安全将遇到极大的挑战。

因此,粮食安全是我国面临的重大战略问题。粮食安全历来是我国社会稳定和经济发展的基础,我国有13亿多人口,13亿多人的吃饭问题不能靠外国人来解决。粮食安全一定要建立在"以我为主"的基础之上,要切实提高粮食综合生产能力,构建粮食安全保障体系,使我国在世界风云变幻中处于不败之地。

3.2.2.2 如何保持耕地的生产能力?

实施"藏粮于土"战略,构建粮食安全保障体系,是我国解决13亿多人口吃饭问题的必然选择。早在20世纪90年代,江泽民就指出,"保护耕地就是保护我们的生命线","切实保护耕地,确保农业的稳定,确保十几亿人的吃饭问题,这始终是一个战略问题,是全国发展中第一位的大问题,永远忽视和放松不得"。然而,现实情况是,我国耕地综合生产能力在不断下降,耕地保护工作任重而道远。耕地综合生产能力取决于耕地面积和耕地质量。城乡建设用地的粗放利用以及农村空心化引发的耕地撂荒现象蔓延,造成了我国耕地面积在急剧减少;同时,灌溉条件恶化、化肥与农药的滥用、水土流失、工矿企业"三废"污染等,也导致了我国耕地质量出现严重退化现象。耕地面积急剧减少和耕地质量严重退化,使得我国耕地综合生产能力在持续下降,直接威胁到我国粮食的有效供给和国家的粮食安全。

严格保护耕地是提高粮食综合生产能力的根本前提,为此,必须严格控制耕地流失,着力保持耕地质量。当前,耕地的粗放利用和土地资源配置的低效率成为影响我国耕地综合生产能力的主要因素。其中,突出的问题是伴随着农村劳动力转移而普遍出现的耕地闲置浪费现象。因此,在城镇化快速发展的背景下,如何实现农村土地的集约利用,减少耕地撂荒现象,对提高我国耕地的综合生产能力,保障我国粮食安全具有重要的现实意义。

3.2.2.3 为什么强调土地"退出",而不是"流转"?

正如前面所述,保护耕地与保持耕地的生产能力对中国的粮食安全与经济的全面健康发展意义重大。随着城镇化的快速发展,土地资源的集约利用及其优化配置,始终是我们亟待解决的重大课题,而解决这个课题有赖于农村土地管理制度的改革与创新。现有土地管理制度不仅降低了农地资源的配置效率,也阻碍了农民市民化进程,这是农民市民化与城镇化不能协同发展的根本原因。

因此,现实来看,农村土地制度成为制约农民市民化的最大障碍。在已有研究文献中,学者们主要从土地流转①的角度来探讨城镇化进程中农地资源的利用与管理。土地流转有利于促进土地资源的优化配置,促进农民获得财产性增收,有助于农业规模化与集约化经营,对农村劳动力转移产生了积极的推动作用。大量的研究也表明,加快农地流转有助于减少耕地撂荒的现象(盛洪,2001;谭术魁,2004;王为民等,2008;马国忠2008)。然而,由于土地收益低下,农地流转的内在驱动力不足。尤其是地处偏远、灌溉条件差以及细碎化严重的耕地,流转极其困难。对于质量较差的耕地,难以通过流转方式来防止撂荒现象的产生。如果没有一个有效的退出机制,我国农村耕地撂荒现象将长期存在并有恶化的趋势。

更重要的是,土地流转并不是农民市民化最终完成的有效手段。让农民"带着土地"进城,只是权宜之计,只能缓解由于产权制度缺陷导致城镇化中各种土地矛盾的冲突。从根本上来讲,以农民和土地的双向依附关系作为基本前提来设计的土地流转制度强化了具有"中国特色"的城镇化路径,使得乡村城镇化与农民市民化渐行渐远。正如文章前面所述,当前,我国农民市民化进程绝大部分只完成了农民向农民工转移的阶段,而农民工向市民的转变仍步履维艰,障碍重重。究其原因,在于土地产权制度所羁绊。如果农民工没有改变对农村土地的依附关系,就无法在城市中真正定居、沉淀下来,农民市民化进程就无法完成。在农民工拥有农村土地承包权情况下,他们会把农村和耕地作为"退可谋生"的底线,从而耕地撂荒和侵

---

① 土地流转,即农民将土地经营权(使用权)转让给其他农户或经济组织,即保留承包权,转让使用权。在国外虽然也有农地流转的概念,但是更多是用农地交易,它既包括农地所有权的买卖,也包括农地租赁、置换、转让等使用权的流转。

占耕地建房的现象就会屡禁不绝。这对留守农民而言，也有失公平，因为进城务工的农民绝大部分能力较强，他们进城后不仅获得了较高的收入回报，还享受了城市里的福利政策，而留守在农村里的农民却享受较低的政策保障，也未因前者退出农村而受益，他们所承包的土地并不会因此而增加。更值得注意的是，让农民工"带着土地"进城，与城市居民享有同等的权利与福利，对于城市原居民，尤其是城镇下岗失业人员而言，是否会产生新的不公平问题？从长远来看，会不会造成新的阶层对立（城市新居民与原居民），进而影响社会的稳定与和谐？这些问题都值得我们去探讨。

　　基于上述的思路，本书认为，应该从新的角度来研究农民市民化进程中农地处置问题。现在的农地流转政策在一定程度上缓解了农地抛荒和粗放经营的现象，并促进了农村劳动力乡城转移，对城镇化发展起了积极的推动作用。但是，要推动农民市民化进程，完成农民工向市民转变的市民化阶段，还需要构建一种有效的农民退出机制，使愿意从农村及农地退出的农民能够有序地退出，融入城镇社会。其中，建立农村土地承包经营权退出补偿机制是构建农民退出机制的核心内容。毋庸讳言，构建农地承包经营权退出机制在实践中仍面临许多难题。其中最大的困局是，农民退出农地承包权的意愿不高。中国社科院近期一项研究显示，八成受访农民工表示不愿放弃农村户口。重庆市一项调查发现，350名农民工中只有三成愿意放弃农村土地以获取城市户口。原因在于福利分配的变化。农民不用再缴纳农业税了，低收入者也能获得一定福利，比如贫困学生就可免除学杂费。许多人更不想丢掉家乡宝贵的土地。① 2010年国务院发展研究中心农村经济研究部做了大型调查，走访6232个农民工，对于承包地，80%的农民工表示在城里落户后不放弃，只有2.6%的人同意无偿放弃，还有6.6%的农民工表示，只要给补偿的话，可以放弃。对于宅基地，67%人说不放弃，只有4.7%

----

① 《中国社科院研究显示，八成受访农民工表示不愿放弃农村户口》，《环球日报》2010年12月2日。

的人说,有补偿的话可以放弃。主持此项调查的韩俊就认为,在中国应该明确一个基本底线,那就是让农民彻底放弃承包地和宅基地进城落户定居这条路,今后二三十年内是走不通的。①

在农民不愿意放弃土地承包权的情况下,建立农地承包权退出机制似乎是个"无解"。但是,应该看到,推进农民市民化与城镇化协同发展,加快农业现代化与城乡一体化进程,是中国最终解决"三农"的根本途径。在此,农民的土地承包经营权退出机制问题必然是中国农村土地制度发生变化的重要方向。韩俊也表示,根据他们的调查,现在进城的新生代农民工,70%从来没有接触过农地,新生代农民工融入城镇这是大势所趋。因此,我们必须充分考虑到新生代农民工已经成为城镇化主体这个事实。这些新生代农民工对家乡的认同感减弱,既无务农的愿望,也无掌握耕作技能的热情。他们对土地的情结弱化,从事非农职业的意愿以及融入城市、身份转变的意愿更加强烈。② 因此,在农村劳动力向城镇和非农产业转移大趋势下,如何构建畅通的农民退出机制,对促进广大农民工实现市民化转型,提高耕地资源的配置效率,实现农民市民化与城镇化协同发展,具有十分重要的战略意义。

3.3　农民退出机制的理论框架

基于前面的理论分析,农民"退而不出"已经成为农民市民化健康发展以及国家粮食的可持续安全的主要障碍。因此,当务之急是,我们亟待建立一种健全的农民退出机制。建立农民退出机制是个复杂的系统工程,它并不是简单地农民放弃农地、退出农村走向城镇的问题,它不仅涉及对农民退

---

① 韩俊:《农民工市民化调查》,《决策》2011 年第 9 期。
② 有调研数据显示,只有 7.7% 的新生代农民工愿意回农村定居。参见《土地出让收入农民获利太少》,《新京报》2011 年 10 月 31 日。

出农地承包权的激励设计,还涉及农地承包权退出过程中的利益分配以及农民退地后生活出路问题。因此,健全的农民退出机制应该达到双重的目标:确保已退出农民在城镇里"沉淀"下来,同时也确保农地的集约生产,为现代农业的发展和农村留守农民收入水平的提高提供物质基础。

依据前面界定的农民退出机制概念,本文将农民退出与农民市民化的内在逻辑联系起来,以城镇化与现代农业协调发展的角度,来构筑一种农民从农村及农地有序退出的机制,其核心环节是要设计农民退出农地承包权的激励机制,建立一个公平、合理的土地退出补偿机制。而退地补偿机制的建立必须以尊重农民的权益和意愿为前提。因此,从农民生产决策意愿出发来深入探讨农民退出机制问题,这是本文的逻辑路径与研究切入点。

综上所述,设计有效、健全的农民退出机制,必须以农民为主体,充分尊重农民的权益和意愿。农民退出农地是个复杂的决策过程,农民的态度、职业分化的类型与深度,以及各种经济社会因素都影响农民的决策行为。因此,必须通过实地调查深入了解各种因素对农民退出决策的影响机理,为建立以农民为主体的退出机制路径选择提供有价值的参考资料,这也是本书研究的核心内容。于此,笔者以问卷和访谈方式对进城务工农民进行调查,了解他们家里耕地利用的现状和城镇社会融入状况;了解他们退出土地承包经营权的利益诉求以及其他影响退出决策的宏、微观因素;在整理相关数据的基础上运用微观经济计量方法,对农民退出农地及农村决策行为的相关影响因素进行实证分析,揭示农民退出农地及农村的决策动机、决策态度和决策过程。

通过的实证研究和理论分析,我们将勾勒出构建农民退出机制的逻辑框架(如图3-3)。主要内容包括:针对农民退出决策的相关影响因素,构建以农地退出补偿为核心的激励机制,促进农地经营权退出的良性发展;优化就业环境与居住环境,提高城镇综合承载能力,促进农村人口向城镇聚集;创新农地使用管理制度,促进农地集约利用,提高农民收入和农业产业化水平。建立农民退出机制的构建是个复杂的系统工程,需要多方面的协

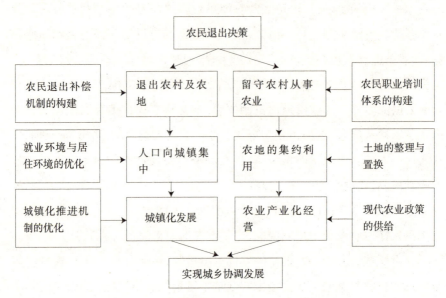

图 3-3　构建畅通的农民退出机制的逻辑框架

调和制度创新。

3.4　本章小结

建立畅通的农民退出机制是推进农民市民化、农业现代化的必由之路。土地流转制度有助于促进农村劳动力的转移和城镇化的发展,但是,要实现城乡的协调发展,加快农民市民化进程,必须构建一种农民从农地退出的驱动模式,因此,现实要求我们必须把农地承包权退出机制作为农村土地管理制度改革的重要方向。统筹城乡发展,缩小城乡差距是我国全面建设小康社会的根本要求,也是激发经济社会发展活力的重要引擎。

从城乡统筹发展的维度来看,健全的农民退出机制应该具备双重的功能:

其一,能够实现农地集约利用和提高农业的现代化水平,使留守在农村的农民享有较高的收入和有尊严的生活。

　　其二,能够让已退出农地承包权的农民在城镇里享有与城镇居民同等的福利保障和各项社会权利,让进城农民"居有定所"、"老有所养",使他们能够真正地融入城镇社会,在城镇里"沉淀"下来。

4 城镇化进程中农民退出的现状与困境

在前一章,我们从理论上系统地分析了农民退出机制的内涵、理论基础与现实依据以及建立农民退出机制的理论框架。退出机制的关键在于"退出",其中,农地处置问题成为制约农民顺利退出的最大障碍。因此,农民退出机制的核心内容应该是能够促进土地承包权良性退出的利益补偿机制。制度的设计必须基于现状的考察与反思,因此,在本章,我们将深入分析当前中国城镇化进程中农村人口退出现状以及农地退出的制约因素,以期为后面的理论与实证分析提供资料支撑与方法论基础。

4.1 城镇化进程中农民退出的现状分析

4.1.1 农村人口退出的基本特征

改革开放以来,随着农村土地经营制度的变革,极大地解放了农村劳动生产力,由此带动了农村劳动力大规模的城乡转移和产业转移,深刻地改变着我国经济与社会面貌。我国农民大规模从农村和农业退出是社会主义市场经济体制改革的必然结果,也是农民对农业发展长期滞后的回应。纵观农民退出的历程,我们不难看出,虽然劳动力转移大军浩浩荡荡,但是,农民身份属性并没有得到改变。由于户籍与土地制度的约束,农民职业非农化并没有带来社会身份的转换。"候鸟式"的流动模式,是中国农村劳动力乡城转移的独特表现。总体上来看,农民退出主要有两个模式:一是完全割断了与土地的联系,从农村与农业部门退出;二是未割断与土地的联系,但已进入城镇或非农业部门。

现阶段,农村人口退出农村与农业部门的过程具有以下几个特征:

4.1.1.1 农村退出的人口向城市、发达地区聚集

尽管中国国情具有特殊性,但是,从发展的轨迹来看,我国农村劳动力的城乡迁移模式与刘易斯模型以及"推拉"理论所揭示的劳动力转移规律基本上是相一致的。在城乡收入差距不断扩大的背景下,农村劳动力流动也呈现出加快的趋势。根据人力资源和社会保障部发布的2010年度人力资源和社会保障事业发展统计公报显示,2010年度全国农民工总量为24223万人,与上年相比,农民工总量增加1245万人,其中外出农民工15335万人[1],比上年增长5.5%,而在本乡镇内从业的农民工增加443万,增长5.2%(见表4-1)。

表4-1 农民工数量　　　　　　　　　　(单位:万人、%)

	2010	2009	2008	2010比2009增长
农民工总量	24223	22978	22542	5.4
1.外出农民工	15335	14533	14041	5.5
(1)住户中外出农民工		11567	11182	
(2)举家外出农民工		2966	2859	
2.本地农民工	8888	8445	8501	5.2

数据来源:中华人民共和国人力资源和社会保障部2008、2009、2010年度人力资源和社会保障事业发展统计公报。其中,住户中外出农民工与举家外出农民工数据来源于国家统计局农村司2009年农民工监测调查报告。

与农村劳动力转移相联系的是,农村人口源源不断地向外迁移,从农村与农业部门退出。总体上来看,从农村退出的人口绝大部分是迁入城镇的,并且呈现加强趋势。由图4-1可以看出,进入20世纪90年代以来,城镇

---

[1] 根据国家统计局对农民工统计口径的界定,外出农民工是指外出从业6个月及以上的农村劳动力。

常住人口在不断增加,与此同时,乡村人口在不断减少,呈现此消彼长的态势。

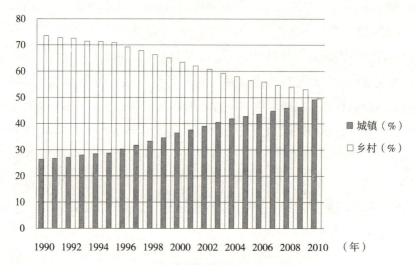

图4-1 城镇与乡村人口变动趋势图

资料来源:根据《中国统计年鉴—2010》和第六次人口普查相关数据制作而成。

从就业的地点看,外出农民工主要流向地级以上大中城市。其中,在直辖市务工的农民工占9.1%,在省会城市务工的农民工占19.8%,在地级市务工的农民工占34.4%,在县级市务工的农民工占18.5%,在建制镇务工的农民工占13.8%,在其他地区务工的占4.4%。在地级以上大中城市务工的农民工占63.3%。①

就全国范围而言,农村人口流动还呈现出向发达地区聚集的趋势。从80年代中期以来,中部和西部地区成为农村劳动力的主要输出地,而东部地区是农村劳动力的主要输入地(见图4-2)。具体来看,中部地区的安徽、江西、河南、湖北、湖南,西部地区的广西、重庆和四川是劳务输出大省,这8个省流出的跨省就业人口占全国的65%。我国的区际劳动力转移呈

---

① 数据来源于中华人民共和国国家统计局农村司2010年12月发布的《2009年农民工监测调查报告》。http://www.stats.gov.cn.

现出以中西部地区流出为主,集中在东部地区就业的格局(彭连清、周文良,2008)。

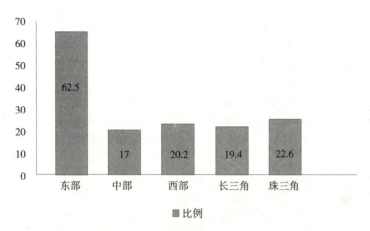

图 4-2　外出农民工就业地域分布比例

数据来源:《国家统计局农村司 2009 年农民工监测调查报告》。http://www. stats. gov. cn,2010-03-19.

　　具体到每个省,农村人口也呈现出向城镇和发达地区迁移的趋势。以福建省为例,2010 年第六次人口普查显示,在全省常住人口中,居住在城镇的人口为 21064429 人,占 57.09%;居住在乡村的人口为 15829787 人,占42.91%。同 2000 年第五次全国人口普查相比,城镇人口增加 6632419 人,乡村人口减少 4453038 人,城镇人口比重上升 15.52 个百分点。除外,经济较发达的沿海城市人口比重有上升的趋势,而内陆山区人口比重在下降。

表 4-2　福建省人口地区分布情况

地区	人口数(人)	比重(%)	人口密度(人/平方公里)
全省	36894216	100	298
福州市	7115370	19.25	581
厦门市	3531347	9.57	2078
莆田市	2778508	7.57	673

续表

地区	人口数(人)	比重(%)	人口密度(人/平方公里)
三明市	2503388	6.78	109
泉州市	8128530	22.03	720
漳州市	4809983	13.04	373
南平市	2645549	7.17	101
龙岩市	2559545	6.94	135
宁德市	2821996	7.65	210

数据来源:福建省统计局:《福建省2010年第六次全国人口普查主要数据公报》,2011年5月25日。

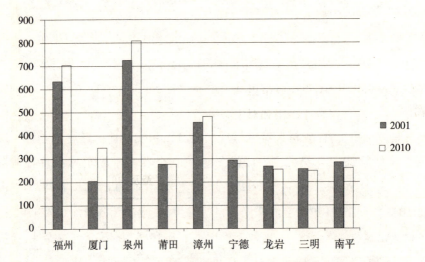

图4-3 福建省2001与2010年两次人口普查各地市人口变动情况对比(单位:万人)
资料来源:根据《福建省2010年第六次全国人口普查主要数据公报》相关数据制作而成。

如图4-3所示,2001年至2010年近十年间,福建省人口向发达地区聚集的趋势非常明显。沿海地区福州、厦门、泉州、莆田与漳州人口都有不同程度的增加,而欠发达山区龙岩、宁德、三明与南平人口在减少。各地区人口的变动,除了城镇人口迁移外,最主要是由于农村劳动力转移的结果。沿海地区经济发达,工作机会多且薪酬较高,所以对山区农村劳动力有较大的拉力。

从前面的实证分析可以看出,改革开放以来,我国农村劳动力的转移路径与经典的人口迁移理论所揭示的规律相符合。在农村落后经济状况推力以及城镇较高收入的拉力下,农村人口源源不断地向城镇和发达地区聚集,这也是我国现阶段城乡人口流动的基本特征。

4.1.1.2 青壮年劳动力成为农村人口流动的主力军

调查数据显示,青壮年劳动适龄人口占农村外出务工人员的主体。根据第二次全国农业普查数据,在农村外出从业劳动力总量中40岁以下的占了82.1%,其中30岁以下的占了52.6%(见表4-3),显然,新生代农民工成为农村外出务工人员中的主力军。与20世纪80年代进城的农民工相比,新生代农民工的文化水平明显提升了一个档次,他们中80%以上为初高中毕业生,甚至部分是大中专毕业生。文化程度较高,这使得新生代农民工外出打工的动因由"经济型"向"生活型"转化。在争取获得更高的经济收益同时,他们也渴望在城市里从事体面的职业,过着更有"尊严"的生活。为此,怀着较高的职业期望和对未来生活的憧憬,越来越多的新生代农民工选择离家外出,进入城镇就业。

表4-3 农村外出从业劳动力总量及构成

	全国	东部地区	中部地区	西部地区	东北地区
外出从业劳动力总量(万人)	13181	3846	4918	4035	382
外出从业劳动力性别构成(%)					
男性	64.0	65.8	62.8	63.1	70.2
女性	36.0	34.2	37.2	36.9	29.8
外出从业劳动力年龄构成(%)					
20岁以下	16.1	14.2	17.6	16.1	16.7
21—30岁	36.5	36.1	36.6	36.7	35.4
31—40岁	29.5	27.3	29.3	32.2	25.4

	全国	东部地区	中部地区	西部地区	东北地区
41—50 岁	12.8	15.4	11.9	11.1	15.3
51 岁以上	5.1	7.0	4.6	3.9	7.2
外出从业劳动力文化程度构成(%)					
文盲	1.2	0.9	1.1	1.7	0.5
小学	18.7	15.0	16.5	24.9	20.1
初中	70.1	70.9	73.0	65.5	71.8
高中	8.7	11.4	8.4	6.9	5.9
大专及以上	1.3	1.8	1.0	1.0	1.7

资料来源:国家统计局综合司:《第二次全国农业普查主要数据公报》(第五号),2008 年 2 月 27 日。

由于新生代农民工具有较高的文化知识,视野开阔,使得他们不屑于父辈所从事的那些脏累苦工作,对自己在城镇里的生活条件和生活水平有着较高的要求,渴望自己的权利获得充分保障并在地位上获得平等对待。"基本不会农活"这是新生代农民工区别老一代农民工的重要标志,他们普遍缺乏耕作技能,对家乡的认同感减弱,没有回乡务农的愿望,相反,对从事非农职业的意愿以及融入城市、身份转变的意愿更加强烈。

毫无疑问,这种现象给城市社会管理带来了更大的压力。但是,也给我们带来了深一层的思考:在中国,大规模地推进农民市民化是不现实的,但是新生代农民工的市民化应该成为推动农民市民化的突破口,新生代农民工的市民化必将开启中国农民市民化的大门,这是我国经济社会发展的历史必然,只要占农民工主体的新生代农民工割裂了与土地的依附关系,在城镇里"沉淀"下来,农民市民化就会水到渠成。

4.1.1.3 农民工职业分化在广度与深度上进一步发展

随着市场化改革的纵深推进,农户经营渐次分化,农民成为一个分化了的、有着不同利益和生活水平的人群。目前中国的农民实际上已经分化成若干利益不同、愿望不同的阶层,而且正在进一步分化之中。与此同时,国内学术界对农民阶层分化或职业分化现象予以高度重视,相关研究成果颇丰。刘洪礼、李学广(1983)、金榜(1986)、何建章(1986)、陆学艺(1989)较早地对农民分化问题进行深入研究。进入90年代后,学术界对农民分化的研究达到了高潮,也出现了一些高质量的研究成果。如王春光(1998)、朱光磊(1998)、李强(1999)等人的研究。他们的研究课题涉及了农民分化的原因、结构、特征和影响等方面。最近几年,不少学者在已有文献的基础上不断拓展研究视野,牟少岩、杨学成(2008)、张珍(2008)、陈白峰(2009)、万能、原新(2009)、陈会广、单丁洁(2010)等对农民职业分化的影响因素,农民职业分化对经济社会产生的影响以及农民分化对农村土地制度选择与改革的政策意义方面进行了有益的探索。

当前,留守在农村的农民仍然以从事第一产业为主,但是兼业化趋势愈发明显,而外出务工的农民职业分化在广度与深度上都在进一步发展。根据第二次全国农业普查数据,农村外出从业劳动力中,从事第二、三产业占了97.2%(见表4-4)。显然,从农业分化出来的农民工绝大部分是走向城市,走向非农部门寻找工作。

表4-4 农村外出从业劳动力流向及从业情况　　　(单位:%)

	全国	东部地区	中部地区	西部地区	东北地区
外出从业劳动力从业地区构成					
乡外县内	19.2	29.9	13.5	15.2	26.9
县外市内	13.8	18.4	9.9	12.4	31.5
市外省内	17.7	33.1	9.0	12.8	24.2
省外	49.3	18.6	67.6	59.6	17.4
外出从业劳动力产业构成					
第一产业	2.8	2.5	2.2	3.6	4.2
第二产业	56.7	55.8	57.1	58.4	44.3
第三产业	40.5	41.7	40.7	38.0	51.5

资料来源:国家统计局综合司:《第二次全国农业普查主要数据公报》(第五号),2008年2月27日。

在进城务工人员不断壮大的同时,农民工的社会分化也随之加速。在城市就业竞争压力下,促使农民工,尤其新生代农民工通过各种学习途径来提高选择与驾驭职业的能力。因此,由农业分化出来的农民工群体为了追求更理想的职业和更高的收益,不得不在新的职业上不断进取。由于个体文化与技能的差异,导致了进城农民工面临新的职业分化。职业差异以及由此带来的收入差异不断对农民工进行排列组合,进而形成不同的农民工职业阶层。

4.1.1.4 农村退出人口未能改变对土地的依附关系

随着城镇化和工业化的加速发展,农村劳动力向城镇和非农产业转移是国家经济与社会转型的必然趋势。目前,我国外出务工的农民已经达到1.5亿,他们长年累月在城镇里工作与生活,成为城镇里不可缺少的组成部分,但是他们仍然保留着农民的身份,拥有农村户籍和所承包的农地①。因此,对于绝大部分的进城农民工而言,尽管他们已经退出农村与农业领域,但是始终未能改变对农村土地的依附关系。农民对土地的依附关系是中国自古以来便有的现象,这种依附关系,使得农民千百年来一直是社会落后群体的代名词。新中国成立后,国家通过宪法和法律措施,赋予农民更大的人身自由,并致力于实践"还地于民"政治主张。但是,到了1958年,为了加速工业化进程,我们走上一条"扩大积累,压缩消费"的经济发展道路,这一年颁布的《中华人民共和国户口登记条例》标志着我国城乡分割的二元户籍制度的正式形成。因此,自1958年以来,我国一直实行限制农民从农村和农业退出的政策。20年过后,即1978年开始的家庭联产承包责任制,极大地解放了农村生产力,使得亿万农民从土地上解放出来,退出农业生产领域。土地联产承包责任制使农民获得一定程度的生产经营自主权和个人财

---

① 中国社会科学院社会学研究所、社会科学文献出版社发布的《2012年中国社会形势分析与预测》蓝皮书表明:目前18岁以上的人口中,有19.7%的是具有农村户籍但居住在城镇的人口,这一数量相当于近三成(29.7%)的农业户籍人口数,或近四成(39.4%)的目前城镇常住居民的数量。

产权,但没有对农地承包权退出做出具体的制度设计。而国家一再强调农村家庭承包制度长期稳定,在某种程度上也强化了农民对土地的人身依附关系。

农民工"带着土地"进城,是中国社会经济发展特殊性的反映。在以前,农民渴望拥有城市户口,愿意"以土地换城市户口",而随着市场化和户籍制度改革的深入,城乡居民身份的差异在逐渐消失,隐藏在户籍制度背后的各种利益关系在逐渐淡化。而农村户口则可以享受村集体经济分红、征地补偿、回迁安置房等收益。户口一旦"农转非",各种依附于农村户籍的福利就无法享受。随着惠农政策升温,附着在农村土地上的权益还在不断加大。因此,现在在农民"以土地换城市户口"的意愿很低,他们不愿意放弃拥有的承包地。由国务院发展研究中心完成的一项课题研究得出如下结论:绝大部分的农民工希望进城定居后能保留承包地和宅基地。这个调查结论具有相当的普遍性,如果把"双放弃"(放弃承包地和宅基地)作为农民进城的先决条件,那他们中的大多数宁可放弃进城①。

由此可见,在现阶段,从农村退出的人口未能割裂与土地的关系更多是出自于自身的需要。在大部分农民退地意愿低下的情况下,制度的变迁与设计将面临巨大的成本风险。但是,从长远来看,以保障农民的土地权益为理由,以及以维护农村社会政治稳定为目的,我们在推进城镇化进程中允许农民"带着土地"进城,让进城农民享受原有的土地权利的同时也享有城市居民同等的福利待遇,这只是权宜之计。在新生代农民工对家乡"情结"不断弱化、回乡务农的意愿不断降低,以及在土地资源闲置浪费现象不断蔓延的背景下,设计一种有效的农地退出补偿激励机制,仍是中国经济社会全面健康发展的必然选择。

4.1.2　农民退出的发展趋势

城镇化是中国经济发展和现代化过程中不可逾越的阶段。纵观世界上

---

① 殷国安:《时评:让农民带着土地进城》,《中国青年报》2011年6月14日。

发达国家和中等发达国家走过的城市化道路,我们可以发现世界城市化发展过程类似于一条被拉平的 S 曲线运动轨迹(如图 4-4)。

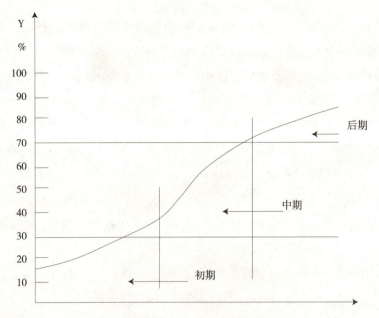

图 4-4　世界城市化发展的 S 型曲线

资料来源:谢文蕙、邓卫:《城市经济学》,清华大学出版社 1996 年版,第 45 页。

这一规律已经得到国内外不少学者的研究证实。在 20 世纪 70 年代,美国城市地理学者诺瑟姆(Ray. M. Northam)在其《城市地理》一书中就做过描述。诺瑟姆通过观察、分析世界各国的城市化过程总结出经验,提出了著名的"诺瑟姆 S 型曲线"。该曲线分为三个阶段:①城市化的初始阶段,城市化水平较低,发展速度缓慢,其发展态势反映为 S 型曲线的左下段,曲线斜率较小;②到了中期阶段,城市化加速,人口向城市迅速集聚,对应于 S 型曲线的中间段,曲线斜率较大;③到了后期阶段,城市化又缓慢发展,对应于曲线的右上段,曲线斜率较小。

对于城市化发展的诺瑟姆 S 型曲线规律,国外学者们已经做了理论的阐释,并提出了各自的理论观点。如英国范登堡提出的"城市发展阶段说"、美国刘易斯提出的"城市周期发展规律说",其他的理论还有"产业结构变动说"、"人口转变说"等。这些理论都从不同角度解释了城市化发展的阶段性呈 S 曲线运动特征。

当前,中国的城镇化率已经到达 51.27%,正处于诺瑟姆 S 型曲线的中期阶段,即进入城镇化高速发展的阶段。可以预见,在本世纪前 30 年,城镇化高速发展仍将是我国经济与社会发展中的主题。与此相适应的是,农村劳动力转移进程将不断加快,农村人口将大量从农业与农村部门退出,向城镇集中。

因此,根据世界经济发展的普遍规律,中国农民从农业与农村部门退出的趋势是不可逆转的,且有不断加快发展的趋势。从理论上讲,在城镇化发展阶段中,非农化、城镇化和市民化应该是三位一体、共同推进的历史进程,但是,由于中国国情的特殊性,使得非农化、城镇化和市民化发展不平衡,形成了城镇化滞后于工业化,而市民化又滞后于城镇化的局面。在农村人口大量向城镇集中的同时,未能改变其社会身份属性,而伴随着人口的流动,农地闲置浪费现象将日益凸显。这种"退而不出"的农村人口流动模式,必将对中国的农民市民化和农业现代化带来严重的影响。

4.2　农村土地承包权退出机制面临的困境分析

当前,农村土地制度的束缚以及城镇对进城务工人员的向外排斥共同阻碍了农民向市民转变,使得农民在城镇化进程中"退出"途径严重受阻。在户籍制度改革逐渐深入的情况下,土地问题成为农民市民化的主要障碍。土地承包权退出不畅,不仅影响了土地资源的配置,也制约了农民市民化的发展。下文将对农地承包权退出机制存在的困境进行分析。

4.2.1 缺乏政策支持和法制保障

中央对农村土地的基本原则是稳定现有的土地承包关系,并承诺"长久不变",其目的在于给农民更加长期稳定的预期。十七届三中全会通过的《中共中央关于推进农村改革发展若干重大问题的决定》指出:"允许农民以转包、出租、互换、转让、股份合作等形式流转土地承包经营权,发展多种形式的适度规模经营。"显然,在该决定中并没有提及农地承包权退出问题。基于农地承担着生产与保障的双重功能,以及基于农村社会稳定的考量,中央谨慎处理农村土地问题,这符合中国的国情和实际。但是,现行的政策与法律法规尚存在冲突之处,影响了基层政府土地管理工作。

2002 年 8 月 29 日发布的《中华人民共和国农村土地承包法》(以下简称《土地承包法》)第 26 条指出,"承包期内,承包方全家迁入设区的市,转为非农业户口的,应当将承包的耕地和草地交回发包方。承包方不交回的,发包方可以收回承包的耕地和草地","承包期内,承包方全家迁入小城镇落户的,应当按照承包方的意愿,保留其土地承包经营权或者允许其依法进行土地承包经营权流转"。从法律规定上来看,农民转为非农户口,进入县以上的城镇,都必须退出土地承包经营权。但是,2010 年中央 1 号文件提出积极推进农民进城落户,并没有提及农民进城落户必须与土地和宅基地挂钩。2011 年 12 月 27 日在北京召开的中央农村工作会议上,温家宝也表示:"土地承包经营权、宅基地使用权、集体收益分配权等,是法律赋予农民的合法财产权利,无论他们是否还需要以此来做基本保障,也无论他们是留在农村还是进入城镇,任何人都无权剥夺。"

而针对耕地撂荒问题,政策与法律也存在不一致的地方,《土地法》、《土地承包法》、《基本农田保护条例》等法律条文中都明确规定了土地使用者保护基本农田的义务。但是在具体的实践中,法律并没有得到真正的执行。2004 年国务院办公厅下发专门文件,要求"任何组织和个人不能以欠缴税费和土地撂荒为由收回农户的承包地,已收回的要立即纠正,予以退还"。

　　显然,中央政策精神和法律法规在现实上存在不一致。中央政策与法律的内在冲突,让基层组织处理土地问题时无所适从。中央对土地承包经营制度的"长久不变"以及"任何人无权剥夺农民的土地承包权"的表述,其用意显而易见:要阻止地方政府对农民的"土地掠夺",切实保护农民的合法权益,当然,更重要的是要维护农村社会的政治稳定。但是,这样的承诺也间接导致了两难的困境:一方面,由于有中央政策的"背书",农民在人口迁移过程中可以按自己的意愿处置所承包的土地,不需要顾忌"违法"成本,从而有可能造成土地资源的闲置与浪费;另一方面,农民直接和中央政策"对话",使得基层组织的权威下降,弱化了对土地合法监控的能力,也失去了乡村治理的政策保障和法治基础。

　　在缺乏法律约束情况下,农民更是不愿意放弃土地,他们会抓住土地经营权牢牢不放,就是让土地撂荒也在所不惜。毋庸置疑,缺乏政策上的支撑和法治上的保障,这是构建农村土地承包经营退出机制的主要障碍。

4.2.2　缺乏有效的退地激励机制

　　当前,农村土地承包经营权退出主要是通过以下几种途径:

　　第一,被动退出:由于土地被国家或地方政府以公共利益的名义征用,使得一部分农民丧失土地经营权。

　　第二,制度性退出:由于一部分村民因升学或户口迁出,国家制度规定户口随人走,而丧失土地经营权的情况。

　　第三,准退出:一部分村民由于没有子女照顾且年老体弱丧失劳动力,而将自己经营的土地交给集体或将土地承包经营权入股;一部分村民在城市找到固定工作,但由于户籍问题不能解决落户问题,因而将土地暂时交还集体或交给其他村民耕种。[①] 准退出,实质是农地流转的行为,由于农地流

---

　　① 王建友:《完善农户农村土地承包经营权的退出机制》,《农业经济与管理》2011 年第 3 期。

转只是转让农地的经营权（使用权），因此，它并不是真正意义上土地承包权的退出。

从现实来看，真正退出农地承包权的农民所占的比例极低。缺乏退地补偿的激励机制是农民不愿意退出土地的主要原因。退出补偿激励的缺失最根本地反应在退地补偿过低，损害了农民的合法权益。

近年来，由征地（被动退出）引发的矛盾在一些地方日益突出，影响了被征地农民的生产和生活，严重影响了农村经济发展和社会稳定。由于公共利益需要而设置国家的土地征收或征用权利，是世界各国通行的做法。在对集体和农民的土地财产权利进行合理的利益补偿的前提下，由国家规划并动用征收或征用权，将农村集体所有的土地配置到非农建设用途，既是国家作为国土资源终极所有者的权能的体现，也是国家对土地资源进行宏观管制的一种制度安排。① 世界上许多国家都对土地征收补偿的原则给予了明确规定，如美国宪法第 5 修正案就明确规定："未经公正补偿，私有财产不得充作公用。"2004 年我国宪法修正案也明确规定："国家为了公共利益的需要，可以依照法律规定对公民的私有财产实行征收或征用并给予补偿。"但是该条并没有就补偿的原则、标准等问题做出明确的规定。我国每年都有大量的农村土地被征用或者征收，与此同时，农民由于土地权益受侵害而上访的事件时有发生，其中尤以利益补偿问题为焦点。作为一种资产的土地，其价值应该取决于未来收入的折现，而不是历史成本或曾经的用途及产出价值。在西方市场经济国家，征用土地必须按照"公平的市价"对土地所有人给予补偿，其补偿标准的确定既要按照考虑土地现期的市场价值，也要考虑土地的预期收益。而我国征地补偿一般按被征用土地原来的用途和经济产出来计算的，其结果是在土地权属转移过程中形成了巨大的土地收益与对失地农民过低的补偿之间矛盾。由于征地补偿制度不公，农民利

---

① 陈明：《农地产权制度创新与农民土地财产权利保护》，湖北人民出版社 2006 年版，第 127—128 页。

益流失问题相当严重。

制度性退出方面,国家也没用给予合理的经济补偿。尽管在《土地承包法》规定,农民有自愿放弃承包土地的权利,但是没有规定应该给予退地农民相应的补偿,只是规定承包方对其在承包地上投入而提高土地生产能力的,有权获得适当的补偿。显然,缺乏补偿激励的机制,使得越来越多已迁移到城镇里的农民不愿意放弃耕地。最近几年,"农转非"对农村大学生的吸引力逐渐下降,农村大学生不愿意迁户口现象已成为社会各界关注的焦点。在以前,跳"农门"做个城里人,是农村孩子考大学的目标之一。但是,现在不愿意迁户口的农村学生越来越多,究其原因,由于没有任何经济补偿,他们不想轻易地放弃老家的土地。

综上所述,农地承包权退出激励机制缺失严重制约着土地作为一种资本要素的合理流动,降低了土地资源的配置效率。在激励补偿机制缺失的情况下,难以割断从事非农产业的农民同土地之间的"脐带",阻碍了农民市民化进程。在我国农村大部分地区,已经转移出去的农业劳动力基本不愿意放弃老家的土地,即使土地无偿转让,即使土地长期荒废,也不愿意退出土地承包权。在保留土地承包经营权的基础上去谋求非农产业更多的收益,成为广大农民在现行的制度约束下的理性选择。正如文章前面所述,完成农民工向市民转变的市民化阶段,需要构建一种有效的农民退出机制,使愿意从农村及农地退出的农民能够有序地退出。健全的农地承包权退出补偿机制不仅可以激励农民退出农地承包权,同时也能够为农民进入城镇提供一定的物质基础。农民可以用农地承包权补偿获得创业的启动资金,购买或租住城镇住房等,从而有利于他们在城镇定居下来。

4.2.3 城市低承载力弱化农民退地的动力

城市承载力(Urban Carrying Capacity)一般指一定范围和一定环境标准下的城市生命保障系统可支撑的城市社会经济活动强度的大小和一定生活质量下的人口数量。自2005年1月国家建设部提出要着重研究城市的综合承载能力以来,国内一些学者就开始从不同角度来阐释城市综合承载力的内涵。尽管有不同的观点,但是,一般认为,城市承载力主要包括城镇资源、环境、生态系统、基础设施等方面的承载力,它们构成了城镇综合承载力的主要部分,起着决定性作用。

我国正进入城镇化中期阶段,大量农业劳动力离开土地,进入城镇、城市,进入工厂就业,进入城市的各类服务业,促进了我国城镇化快速发展,对我国保持三十多年来的经济高增长发挥了重大的推动作用。但是,在城镇化发展的过程中也带来一些问题,集中表现在城市人口的急速增加导致了对土地、水资源、基础设施、公共服务等需求的膨胀,在一些城市,特别是大城市已经超出了城市的承载能力。城市承载能力不足,阻碍了农民工退出农村融入城市的途径,弱化了农民市民化的推动力。

改革开放以来,尽管我国城市面貌日新月异,基础设施状况已得到很大的改善,但是由于历史欠账太多,基础薄弱,与城市经济与社会发展的需要相比,城市基础设施的发展水平仍严重滞后。从主要指标来看,中国城市公用设施建设的服务供给水平较低,与国外发达国家相比有不少的差距。

表4-5 中国城市中主要基础设施平均水平与国外一些城市比较

项目	单位	中国城市平均水平		国外城市(1981年前后数据)				
		2003	2010	首尔	东京	伦敦	巴黎	纽约
人均道路面积	m²/人	9.34	13.21	8.4	9.68	26.3	9.3	28
万人均公汽电车	辆/万人	7.66	11.22			30.7		
人均生活用水量	升/人/d	210.9	171.43	265	340—500	290—300		320
污水处理率	%		75.25		90	95	93	

续表

项目	单位	中国城市平均水平		国外城市（1981 年前后数据）				
		2003	2010	首尔	东京	伦敦	巴黎	纽约
煤 气 普 及率	%	76.74	92.04			85—100		
人 均 公 共 绿 地 面积	m2/人	6.49	11.18	13		30.4	12.21	19.2
垃 圾 处 理率	%	50.8	77.94		100		100	

注：表中中国城市相关数据来源于国家统计局网站中的数据库；国外城市资料来源于冯长春、刘成：《中国大陆城市基础设施建设与发展》，《重庆建筑大学学报》2001 年第 10 期。

从表 4-5 可以看出，中国的城市公共建设水平一些关键指标都低于发达国家的一般水平。如 2010 年中国城市的人均道路面积远低于 1981 年前后伦敦、纽约的数据，人均生活用水量也远低于首尔、东京、伦敦、巴黎在 1981 年前后的水平，在万人均公汽电车、人均公共绿地面积、污水处理率和垃圾处理率方面也处于落后状况。随着城市人口的增长，供水紧张、交通拥挤、环境污染成为城市经济社会发展面临的三大障碍，也是制约城市承载能力的主要因素。

城市综合承载能力不足，资源相对短缺，使城市政府普遍缺乏吸纳农民工的愿望，即使"民工荒"现象蔓延，许多城市仍把农民工当成过客，没有敞开胸怀，把他们当成真正的市民。道理很简单，要将广大农民工立即转变为有城镇户口的市民，意味着必须承担吸纳这些农民工而支付的巨额成本，福利待遇开支、教育经费开支、城市基础设施建设、环境治理、城市管理等高额费用对于当地政府来说都是一个严峻的考验，因此，政府部门习惯于"城乡分治、一国两策"（陆学艺，2000）的管理思维，对农民与市民的待遇实行差异化管理制度。由于政策上的歧视，加剧了农民工城市社会融入难的问题，使得农民工在城市社会里遭受着经济、政治、文化、社会保障、教育等多方面的排斥。在前文,我们提到畅通的农民退出机制至少包含两个方面的内容:赋予农民有主动离开农村、退出农地承包权的自由选择权,能确保已退出的农民融入城镇社会,在城镇里"沉淀"下来,同时又能确保"沉淀"在农村的留守农民有稳定的收入和有尊严的生活。因此,如果城市不能提升综合承载能力,不能够为农民工提供比留在农村更好的福利和环境,农民工就不可能在城镇里"沉淀"下来,那么让农民放弃土地承包权,真正地从农村退出就无从谈起。

4.3 农民退出的实践与启示

近几年来,随着市场化改革的不断深入,经济结构失衡、生态破坏严重、城乡发展差距拉大,深刻地影响着我国经济与社会的全面发展。一些地方开始推行"农民退出"的改革,力图割断农民与土地之间的脐带。目前,进行过农村土地承包经营权退出实践的主要有重庆的"以土地换户口"、浙江嘉兴的"两分两换"及成都等地"双放弃"模式。而大部分的实践形式是准退出式的,如广东南海的土地合作社(土地入股)、土地银行及很多地方探索的土地复垦、整理及宅基地换城镇住房。

4.3.1 成都从"双放弃"到"带着土地进城"的城镇化实践

2006 年 3 月,成都温江区制定了《关于鼓励农民向城镇和规划聚居区集中的意见(试行)》和《关于放弃宅基地使用权和土地承包经营权农民参加社会保险实施细则(试行)》。"双放弃"正式开始启动,所谓"双放弃"即放弃土地承包经营权和宅基地使用权,农民自愿放弃后,在城区集中安排居住,并享受与城镇职工同等的社保待遇。这样的改革被外界称为"以土地换身份"。

2007 年 7 月 4 日,劳动保障部官员在温江区调研时对"双放弃"给予高度评价,成都市也把此纳入市级试点规划,而同是统筹城乡综合配套改革试验区的重庆也派人取经学习。"双放弃"换社保作为成都市在统筹城乡发展综合配套改革背景下的大胆探索,也存在失业救济、就业服务以及诸多社会问题。因此,就在成都市推广"双放弃"的同时,温江又开始试点"两股一改",即农村集体资产股份化、集体土地股份化,同时配套实施以转变农民身份为目标的村改社区,这是对农村治理结构的重大调整①。

2010 年 11 月,成都市正式出台《关于全域成都城乡统一户籍实现居民自由迁徙的意见》(以下简称《意见》),2012 年成都将实现全域成都统一户籍,城乡居民可以自由迁徙,并实现统一户籍背景下的享有平等的基本公共服务和社会福利。成都探索统筹城乡综合配套改革方面再次实现新的突破。

成都此次推出的统一户籍的《意见》提出了 12 条具体措施,旨在彻底破除城乡二元结构,彻底消除隐藏在户籍背后的身份差异和基本权利不平等。《意见》站在全域视角考虑,充分尊重城乡居民自由迁徙的权利,破除长期以来束缚城乡居民自由迁徙的制度障碍,提出了实现城乡居民自由迁徙的具体路径,同时还保障了城市居民下乡的迁徙自由,首次实现城乡双向自由迁徙。

《意见》明确,随人口自由流动,户籍也跟着自由迁徙,实现户口登记地与实际居住地的一致。城乡居民凭合法固定住所证明进行户口登记,户口随居住地变动而变动。根据这一规定,到 2012 年年底前,成都将建立以身份证号码为标识,集居住、婚育、就业、纳税、信用、社会保险等信息于一体的公民信息管理系统。这就意味着,今后在成都,不仅农村居民可以自由迁徙到城镇居住,城镇居民也可以选择到农村定居,城镇居民和农村居民自由迁徙不再受限制,而"农民"这个称谓也不再是身份的象征,而仅仅是一种职业。

---

① 何忠洲:《成都试点土地换身份:双放弃加快城乡统筹进程》,《中国新闻周刊》2007年第 9 期。

《意见》还明确指出,农民进城不以放弃农村宅基地使用权、土地承包经营权、林地承包经营权等原有利益为代价,农民的各项权益不因居住地的迁徙、职业的改变而受到侵害。据此,农民可以带着自己的土地承包权、林地承包权、宅基地等产权进城,就业、参加社保不以丧失承包地为前提,并完全尊重群众的意愿,不进城的农民同样享受政府提供的基本公共服务、社会保障和社会福利。在鼓励农民进城的基础上,城乡居民可以自由流动,城镇居民可以自由下乡,享受田园风光。① 显然,成都的农民退出实践从"双放弃"到允许农民"带着土地进城",减少了社会各界的舆论压力,但是,转户农民持有土地的合法性值得商榷,如果这些农民将户口迁入设区市后又不交回承包地,就会与现行法律存在冲突。

4.3.2 重庆从"土地换户口"到"带着土地进城"的城镇化实践

从2010年8月1日起,重庆开启一个规模宏大的城镇化运动。按照《重庆市人民政府关于统筹城乡户籍制度改革的意见》,将利用两年时间,让338万农民变身为拥有重庆城市户籍的城镇居民;从2012—2020年,重庆将力争每年从农村转移80万—90万人口,到2020年,重庆将形成在主城区聚集1000万城镇居民、非农户籍人口比重升至60%、城乡一体的户籍制度体系。该意见要求"按照宽严有度、分级承接原则,适度放宽主城区、进一步放开区县城、全面放开乡镇落户条件,积极引导本市籍农村居民向城镇转移落户,鼓励有条件的农村居民整户转为城镇居民"。按照重庆官方的宣传,凡是具有重庆市农业户口的农民,都可以自愿转为城镇户口,可以享受城镇的就业、社保、住房、教育、医疗的优惠政策。在具体的操作中,重庆市针对主城区和远郊区县设置了不同的入户条件,不仅如此,在《重庆市户籍制度改革农村土地退出与利用办法》中,还规定了当农村户籍转为城市户籍时,其原有的土地必须退出。也正是这个因素,重庆的户籍制度改革

---

① 梁小琴:《农民可带着土地承包权进城》,《人民日报》2010年11月17日。

又被媒体形象地称为"以土地换户籍"①。

重庆的城镇化运动,引起了社会各界的普遍关注。知识界对重庆的"土地换户口"的快速城镇化政策,进行连篇累牍的批评。而当地农民对"土地换户口"政策也疑虑重重。尽管重庆的做法符合现行法律规定,而且也做出"土地三年过渡期"的规定,即"转户农民最多3年内继续保留承包地、宅基地及农房的使用权和收益权。过渡期结束后,可继续按照依法自愿的原则处置农村土地,不强制农民退出土地"。但大量农民仍然有疑虑,转户积极性并不高。

在各种压力下,重庆市政府做了政策上的调整,允许农民"带着土地进城",不"以土地换户籍"。很显然,重庆将户籍与土地脱钩的户改做法,为全国户籍制度改革摸索出了一条道路,但是,如果农民工转到县城以上落户,就会与现有法律的相关规定产生冲突。

4.3.3　浙江嘉兴的"两分两换"模式

2008年4月,浙江省委、省政府将嘉兴市列为三大省级综合配套改革试点之一。嘉兴市委、市政府按照先行先试、率先突破的要求,探索推行"两分两换"工作。所谓"两分两换"就是把农民的宅基地和承包地分开、搬迁和土地流转分开,以宅基地置换城镇房产,以土地承包经营权置换社会保障。"两分两换"土地使用制度创新对促进城乡生产要素的合理流通、打破城乡二元结构、统筹城乡发展具有里程碑意义。

自2008年5月以来,嘉兴市开展的"两分两换"工作取得一定的实效。至2010年8月底,在597.48平方公里的试点范围内,已签约换房(或搬迁)农户达到18697户,完成农房拆迁14644户,共流转土地承包经营权9万亩。以平均每户节约0.6亩宅基地计算,试点区域内将复耕土地1万多亩。在各地在试点推进中,以新市镇为依托,开展了区域建设用地、生产力和人

---

① 傅蔚冈:《从重庆户改看中国的城市化》,《东方早报》2010年8月11日。

口布局的优化调整,既加快了要素向新市镇集聚进程,也拓展了市镇、工业功能区和现代农业的发展空间。所有试点镇在开展"两分两换"工作的同时,把现代新市镇建设与"两分两换"工作有机结合起来。新一轮的村镇建设规划按照现代城市、现代家园、现代市民的标准要求,着眼于社会长远发展,进行严格的功能区分,如七星镇在"两分两换"工作中采取整拆整建的方式,新村镇规划将整个规划区域分为新型市镇区、休闲度假区、东郊生态林区、生活配套区、现代农业与服务业融合发展区等五大功能区块,农民的生产生活环境和质量有了很大改善。

不过,"两分两换"制度也面临着一些问题,需要进一步完善的政策安排。根据调查发现,农民对"两分两换"政策的满意度不高。南湖区七星镇的所有行政村都参加了"两分两换",推进速度较快,但是没有一个农民认为"两分两换""很好",认为"还行"和"很不好"的分别达到17.9%。余新镇采用试点加逐步推进的模式,农民的满意度相对较高,认为"很好"的占7.5%,有45.8%认为"还行"。在对未来收入预测中,只有5.1%的农民认为"两分两换"后收入会增加,3.9%认为"两分两换"会使生活"很好",却有27%认为会不太好。调查结果充分显示了农民对未来生活状态缺乏信心。造成这个现象的原因主要是成本的增加和担心政策的不稳定。

存在的主要问题有:

一是现有的"两分两换"政策与以前实施的拆迁政策、宅基地置换政策还存在很大的差异,尤其在补偿价格方面出入较大。总体来看,多数农民认为政府的置换标准偏低,特别是和建设拆迁标准相比差距比较大。

二是由于"两分两换"政策是鼓励农民放弃土地经营权、以土地承包经营权置换社会保障,但目前对农民的社会保障水平还很低,很难保证农民的日常生活需要。[①]

---

① 方芳、周国胜:《农村土地使用制度创新实践的思考——以浙江省嘉兴市"两分两换"为例》,《农业经济问题》2011年第4期。

4.3.4 南海市"土地入股"模式

广东南海市(今佛山市南海区)于 20 世纪 90 年代初发起了"土地入股"改革(后被总结为"南海模式")。其基本思路是:将农民承包的集体土地以承包权入股,组建社区股份合作经济组织,将土地统一发包给专业队或少数中标农户规模经营,或由集体统一开发和使用;农民依据土地股份分享经营收益;初期股权不得继承、转让、抵押和提取。那时,"土地入股"不但免交公粮,还有村委会承诺的年终分红,所以改革一开始很受农民欢迎。

但随着改革的推进,一些弊端开始凸显,突出表现在收益分配上。一些发展工商业条件优越的地方,农民的土地被集中起来后,大多出租为工商业用地,每年获得高额租金。而那些以农业为主的村庄,则持续 10 多年根本没有分红或分红很少。南海区统计数据显示,2007 年该区农村经济总收入比 1992 年增长了 26.7 倍,而农民人均纯收入却只增长 4.17 倍,股红分配额也仅增长 9.91 倍。除了对分红不满,许多农民还流露出对土地规模经营管理者的不信任。"经营土地的是他们,赚多少钱花多少钱,也是他们说了算,虽然每月有账目公开,但账也是他们算的,我们不太信任",这句话道出了农民心中的疑虑。事实也是如此,农村土地规模经营依然是政社不分,村党组织、村委会和股份经济合作社董事会,三套班子一套人马,村党组织书记一般兼任股份合作社董事长。"三位一体"带来权责混淆。

于是,一些农民开始提出退股,要回自己的土地。但是那些想退股要田的农民发现,想要回土地几乎是不可能的事情。"土地入股",其实是将土地估价后以资本形式入股,现在农民要退股,也只能以货币形式补偿,何况大多数农村土地经过相应改造,各户间土地的界限已分不清,而毗邻城镇的农村土地,现已变成工业区或商业区,更不可能退给农民。近年来,在最早实行土地股份合作制改革的珠三角,却出现不少农民要求"分田退股"的现象。①

----

① 肖思思:《珠三角"土地入股"变局启示录》,《东方城乡报》2008 年 8 月 5 日。

南海"土地入股"实践遭遇变局,给我们留下深层次的思考。该制度发起的初衷是将原来分散的土地集中起来,实现土地的规模效应和满足工业化对土地规模化和承包经营权流转的需求。但是,"政社不分、产权不明"的体制病,为实践的变局埋下伏笔,加上管理体制的不完善,在该制度推广和发展的过程中,一些深层次的矛盾开始显现出来。

将农民原来享有的承包经营权转化为股权并由集体统一经营,其实质是农村土地的再集体化,对农民而言这一制度的机会成本可能是非常高昂的。其土地权益更容易遭受来自集体的侵害。[1] 在此背景下,农民提出"分田退股"是情理之中的要求。从"土地入股"引发的问题,折射出一个事实,即产权不明晰,使得交易费用更加昂贵。在不改变农地产权属性模糊的情况下,想依靠股份制等"准退出"的模式一劳永逸地实现农业规模化经营,是不现实的。

4.3.5 农民退出实践的启示

目前,以成都的"双放弃"、重庆的"土地换户口"以及嘉兴的"两分两换"为代表的农民承包权退出实践已告一段落。应该说,这些地方城镇化实践符合经济社会发展的客观规律,也是实现城乡协调发展的必然趋势,为我们深化农村经济体制的改革做了许多有益的探索。但是,从社会各界的反应来看,这些"退地"实践并不成功,没有带来"土地退出"的良性发展,甚至还引发了社会各界的普遍质疑。其中,来自于学术界最大的批评是,地方政府为了城镇化政绩以城市福利诱使农民放弃在农村的集体土地是对农民土地权益的极大损害。他们认为在中国的工业化初期,依靠牺牲农业与农民的利益来获取资本的原始积累,现在已到了工业反哺农业的时候了,不能再通过掠夺农民的土地权益来加速城镇化进程。他们还认为,不应该将放

---

① 刘愿:《农民从土地股份制得到了什么?——以南海农村股份经济为例》,《管理世界》2008 年第 1 期。

弃土地承包权作为农民进城落户的前提条件,要让农民有与城市市民同等的福利保障,然后在此基础上再让农民自由处置土地权益、自由选择居住地。

在此,我们认为,任何一项的改革引起争论是很正常的现象,也是一个社会文明进步的标志。成都、重庆、嘉兴的"退地"实践尽管存在诸多消极的因素,但是,并不违背市场化改革的价值取向,也是符合法律规定的。从长远来看,促进农民退出,不仅有利于实现城镇化与农民市民化的协调发展,还带来农业和非农业的增量效益:首先,"退地"运动有利于留守农民收入水平的提高,只有通过减少现有土地上的农业人口,才可能摆脱"人多地少"的矛盾,才可能实现规模经营和农业现代化;其次,农业规模化经营,降低了农业的生产成本,提高了农业生产力,进而为非农产业提供丰富的原材料和充足的劳动力。

当然,改革必须以尊重农民意愿为前提。利用行政权力强力推进的城镇化,必然导致社会的冲突与不满。因此,成都、重庆对"退地"改革方案进行"修正",这是必然的。2011年政府工作报告明确提出"因地制宜,分步推进,把有稳定劳动关系并在城镇居住一定年限的农民工,逐步转为城镇居民"。政府工作报告明确提出要充分尊重农民在进城和留乡问题上的自主选择权,不能一厢情愿。农村土地问题是个复杂、敏感的问题,牵涉到8亿农民的土地权益,也关乎农村社会政治的稳定。

因此,农村土地制度改革不可能一蹴而就,农民市民化是个长期过程,不能操之过急。政府应充分尊重农民退地意愿,必须深入调查研究,了解农民的真实意愿和利益诉求。对于进城后由于各种原因不愿退出土地的,政府不能强迫。如果政府能够设计出一种合理的退地补偿机制,并且农民认为退地更有利于他们今后的工作和生活,那些进城务工农民自然会去效仿。因此,健康的退地补偿机制会起到示范作用,激励着农民做出理性的决策。只有充分尊重农民的意愿,才可以构建畅通的农民退出机制,才可以最大限度地降低改革的成本。

4.4　本章小结

中国正处于城镇化发展的中期阶段,未来的二十年,城镇化仍将是我国经济与社会发展中的主题。与此相适应的是,农村劳动力转移进程将不断加快,农村人口将大量从农业与农村部门退出,向城镇集中。由于农民在人口迁移过程始终没有割断与土地的依附关系,形成了具有中国特色的城镇化路径,农民市民化与职业非农业化不能协调发展,不仅造成土地资源闲置浪费现象蔓延,也制约了农业现代化发展。因此,构建一种畅通的农民退出机制是经济社会发展的必然选择。而其中关键的环节是,要建立农地承包权的退出机制。重庆、成都与嘉兴的农民"退地"实践,尽管存在种种问题,存在种种争议,但是,毕竟为农村土地制度改革的深化做了有益的探索,积累了许多宝贵的经验,我们也从中获得许多有益的启示。其中,最重要有两条:一是要充分尊重农民的自主选择权,只有尊重农民的权益和意愿,才可以把改革带来的负面影响降到最低程度;二是要因地制宜,分步推进,在无法一步到位地解决农地退出问题的情况下,应该分类管理,分阶段推进。这两点的重要启示也是本书对策研究的切入点。

5 农民工城镇融入状况与退地意愿调查研究

在前面,我们对城镇化进程中农民退出的现状进行理论与实证分析,使我们对现阶段农民退出总体特征及其面临的困境有了更深刻的认识,也为本书进一步研究奠定了基础。农民"退而不出"已经成为城镇化健康发展,农业产业化水平和农民收入水平提高的主要障碍。因此,我们迫切需要构建一种畅通的农民退出机制。而畅通的农民退出机制,必须以尊重农民的权益和意愿为前提。为此,我们必须深入了解农民的生活现状以及他们的利益诉求,只有了解农民,才能设计出有效的机制。在本书,我们选择福建部分地市为调查区域,采取问卷调查方式,获取本书研究所需要的资料与数据。在此基础上,我们将从农民决策的视角来分析农民工城镇融入状况与退地决策意愿。

5.1 问卷调查的主要内容和样本的基本特征

5.1.1 调查问卷的设计及主要内容

调查问卷设计是否正确、科学,直接关系到调查数据的质量,并进而影响到研究的实证结果。为此,笔者查阅了大量有关劳动力转移、农民市民化以及土地利用行为等方面的研究文献。在借鉴前人已有的研究文献以及前人使用过的问卷调查项目基础上,结合本书研究的主要内容和方向,笔者设计了一份问卷调查表。本书调查的对象是在福建省打工的进城务工人员。

问卷调查主要包括三个方面的内容：

5.1.1.1　个人及家庭的基本情况

具体内容包括农民工的基本特征,比如性别、年龄、受教育年限、技能状态、婚姻状况、从事非农职业意愿、打工年限、个人年总收入、家庭人口数、家庭劳动力人数、家庭从事非农劳动力人数、承包耕地面积、耕地质量、家庭主要收入来源等。本部分调查的目的在于掌握农民工样本的总体概况,进行描述性分析,从而了解样本的基本特征。

5.1.1.2　在城镇生活状况

具体内容包括进城户籍状况、在城镇的住房来源、参加保险状况、在城镇定居面临的困难、重新回乡务农的意愿及原因等。

5.1.1.3　家乡资源处理情况

具体内容包括承包地处置方式、房屋处置方式、退出承包地的意愿、退出承包地的利用诉求、不愿意退地的原因等。

5.1.2　样本的基本特征

为了获取本书论证所需要的原始资料,笔者于 2011 年暑假期间组织部分学生①深入福州、厦门、泉州 3 个设区市,之所以选择福州、厦门、泉州确定为样本地区,主要是因为这些城市是福建省三大中心城市,经济最发达,也是农民工最集中的地方。根据劳动保障部(2006)组织的问卷调查显示,建筑施工业、电子电器业、制衣制鞋业、住宿餐饮业、商务服务业是农村外出务工人员从事的主要行业,因此,我们主要针对建筑工地、企业厂房、住宿餐饮以及街头摆摊等就业的农民工或农民工家属进行调查。为了避免样本过分集中,排除主观因素,我们把样本尽量分散到上述的农民工就业点。

---

①　笔者在学校所讲授的课程每学期都有教学实践环节,一般是安排在假期进行,要求学生按规定时间完成社会调查并撰写报告。笔者设计好调查问卷,并和部分学生一起实地调查。

本次调查时间从 2011 年 7 月 21 日至 2011 年 8 月 11 日①。调查地点与样本数:福州 165 个(包括福州下属的福清城关 50 个)、厦门 73 个、泉州 187 个(包括泉州下属的晋江城关 70 个、南安城关 50 个),农民工样本总计为 425 个(以上均为有效样本数,排除了回避本次调查的样本和无效样本)。其中,来自于本省的农民工占 42.8%,其余的来自于省外(主要是四川、江西、重庆、湖南、贵州等省市)。调查方式主要是访谈或答卷方式,部分农民工文化程度低,只能按照问卷上内容进行访谈。

农民工样本的具体特征如下:

5.1.2.1 性别、年龄与婚姻状况

本次调查的农民工中,男性居多,在 425 份有效问卷中,男性共有 276 人,占 64.9%,女性共有 149 人,占 35.1%。年龄最小的 19 岁,最大的 64 岁,以中青年农民工为主,45 岁以下占 78.6%。已婚的农民工样本占 65.4%,未婚的占 34.6%。

5.1.2.2 受教育年限、打工年限、技能状态和从事非农职业意愿

调查显示,农民工样本受教育年限最少的是 0,最多的是 15 年,进城农民工平均受教育年限为 8.1 年,从调查数据来看,接受 8 年以上(基本是初中毕业后)人数最多,说明进城务工人员文化程度较高,这与农民工年龄特征相对应的;外出打工时间最长的是 28 年,最短的是 5 个月,平均打工年限为 12.5 年;有技能的农民工约占 45.9%,从调查表来看,农民工的技能主要集中在油漆、电焊、电器维修、厨艺、汽车驾驶、服装制作等,而其他没有掌握一技之长的农民工主要从事建筑工、搬运、街头摆摊、保安、商店销售员、驾驶摩托车载客等活计;从事非农职业意愿很强或强的占 56.5%,一般的占 23.7%,弱的占 19.8%。

---

① 事实上,我们早在 2010 年暑假就进行过一次调查,笔者将设计好的问卷交给学生,学生通过各种渠道收集数据,由于当时问卷设计过于繁琐,所获得有效样本相当有限。后来,笔者根据实际情况对调查问卷进行了修改。

5.1.2.3　家庭人口数、家庭劳动力人数和家庭从事非农劳动力人数

样本农民工家庭人口最多的10人,平均4.12人。家庭人口以4—6人的中型家庭为主,占了样本总数的68.8%,3人以下的小型家庭和7人以上的大型家庭相对较少,这与农户家庭人口构成变迁规律相吻合。家庭劳动力人数平均2.5人,其中非农劳动力人数平均1.8人。

5.1.2.4　个人年总收入、家庭收入主要来源

样本农民工个人年总收入平均数为3.5万元。家庭主要收入来源于以完全非农业的比例最高,达到45.5%,其次是以非农为主兼业的36.3%,再次是以农为主兼业16.3%。

5.1.2.5　承包耕地面积、耕地质量和农地流转情况

家庭耕地面积最多的是17亩(不包括承包的林地、山地和牧地),最少的是0亩(被征地,共23人家里的耕地被全部征用),均值4.65亩。关于耕地质量,我们主要想了解耕地距农户住所距离、灌溉条件和细碎化程度等三项指标。其中,耕地距农户住所距离数据较难获得,原因在于大部分农民工的承包地比较分散,块数多,不易记住具体的距离,所以该项调查数据记录不全;灌溉条件分为很差、较差、一般、较好、很好五个等级,从调查数据来看,差或很差的占31.1%;细碎化程度,本书主要利用耕地总面积和耕地总块数来衡量。农地流转情况,主要是了解农民工老家承包地流转市场是否完善,土地流转是否顺畅,调查数据显示,45.1%的农民工认为农地流转"很容易"或"容易",认为"较难"或"很难"的占43.0%。①

5.2　农民工城镇社会融入状况分析

5.2.1　关于农民工城镇融入问题的研究进展

城镇化是农民市民化的载体,也是我国解决"三农"问题和迈向现代化

---

① 以上数据仅限于拥有耕地的农民工样本。

的必由之路。根据人力资源和社会保障部发布的统计公报显示,2010 年度全国农民工总量为 24223 万人,其中外出农民工 15335 万人,比上年增长 5.5%。可见,随着工业化和城镇化的快速发展,农村人口流动也呈现不断加快的趋势。但是,由于城乡二元的管理体制,尽管这些农民已经离开乡村到城市就业与生活,但他们在劳动报酬、子女教育、社会保障、住房等许多方面并不能与城市居民享有同等待遇,在城市中处于被边缘化的状态。因此,如何让众多的进城务工农民尽快地融入城镇社会生活中去,成为学术界和政界共同关注的焦点。当前国内很多学者主要从农民工城镇融入现状、制约因素及其对策建议等方面来研究农民工城镇融入问题的。

在城镇融入现状方面,学者们的研究主要集中于经济、日常生活和文化心理三个层面。经济层面的融入是农民工在城镇安身立命的基础,它代表着最基本的生存与安全的需求;日常生活层面的融入标志着农民工在居住、日常生活的互动等方面不再与市民隔离开来;文化心理层面的融入则表明农民工融入城市主流文化,真正实现了身份转换和心理认同(杨轩、陈俊峰,2011)。在经济层面,赵振华(2009)、张祝平(2010)认为农民工工作环境恶劣,缺乏社会保障,而且工资收入低,严重影响了农民工的消费能力。幸丽萍(2010)调查发现,农民工在消费上仍以储蓄型家庭理财行为等传统消费方式为主,数据显示,农民工在外务工期间月人均生活消费支出低于 500 元的占 60.5%,501 元—900 元的占 29.7%,超过 900 元的仅 9.8%。于丽敏、王国顺(2010)对东莞农民工消费结构的收入灰色关联度进行分析,他们发现,食品支出的关联度占首要地位,储蓄、通讯、交通和衣着支出紧随其后,而医疗与教育排在最后。而新生代农民工消费行为与父辈相比,具有较高消费倾向及品牌意识,他们期望以此得到市民某种程度上的认可以及对外面社会的认知(超骥、郭兴方,2010)。生活层面方面,王春光(2009)认为在日常生活中,农民工生活在与城市隔绝的范围或群体之中,难以融入城市社会。白晓梅(2010)指出,集体宿舍、农民工"社区"和散居于城市社区这三种农民工主要的居住形式使得他们的生活空间与工作空间高度重叠,与城市居民交往甚少。

在文化层面,李珂等(2009)认为农民工文化生活匮乏,不仅使他们无法提升自我、融入城市,而且还可能因为无所事事,选择其他方式消遣,以填充精神的空虚。酗酒、赌博、阅读或观看低俗、暴力、色情内容的书刊影视,个别人还可能走上犯罪的道路,给城市社会治安带来隐患。全国总工会新生代农民工问题课题组(2010)发布的新生代农民工问题的研究报告指出,新生代农民工对思想沟通和情感交流的需求更强,由于上班时间长、接触面较窄、工资收入低、就业行业农民工男女比例失调,再加上企业管理和文化建设的不足,以及社会人文关怀的欠缺,婚恋和精神情感成为困扰他们的首要心理问题。

综合来看,农民工在城镇融入的过程中,经济上大多处于被动地位,工资与消费都处于较低水平,日常生活中与市民处于隔离状态,文化生活单调,心理缺乏对城镇的归属感和认同感。总体上看,农民工群体在城镇的融入度较低,基本上处于"被边缘化"的状态。

关于农民工城镇融入制约因素,学者们主要从农民工自身原因、制度和文化排斥方面来探讨。王桂新等(2007)认为,流动人口文化程度普遍较低,自身素质相对较差,他们绝大部分来自经济落后的农村地区,在进入社会经济相对发达城镇务工或经商后,面临着职业、生活方式、社会交往关系等一系列的转变和适应问题。白晓梅(2010)认为农民工的交往对象一般仅限于亲朋、老乡及一起务工的外地人,而对城市居民缺乏认同,这种交往的封闭性和强烈的群内认同感严重阻碍了其城市社区融入。

城乡制度排斥主要表现在政府制定的各种相关政策和制度安排中,尤其是户籍制度的排斥上。李强(2011)认为,包括户籍制在内的"制度障碍型的边缘化"从一开始就将一部分社会成员排斥在外。有的学者还探讨了土地制度的排斥作用,王小章(2009)指出,国家在农村的土地制度使农民不能真正自由地处置"自己的财产",特别是土地与房产,因而不能使这些财产按照自己的意志有效地进入市场。土地制度的束缚,使农民无法真正地从农村及农业领域退出。一些学者还从就业制度和其他政策偏差方面来探讨,如易善策(2007)认为滞后城镇化和城市偏向是农民工融入障碍的原因。而当前和以后一段时间内,非正规就业所导致的城市生活不稳定、心理上和待遇上的差距所带来的融合困难、组织化程度低、自发性大所造成的在城市缺乏利益代表、人力资本存量低而出现的回流是主要障碍。

关于促进农民工城镇融入对策方面,学者们也做了许多深入的研究。针对文化排斥和身份歧视,陆林(2007)认为大众媒介对农民工进城带来的负面效应报道得多,而对他们为城市所作的贡献宣传得少,提出城市居民应以正常的心态对待农民工,要放弃偏见,要尊重农民工的人格和基本权利。李蕾(2010)也持相似的观点,认为要为农民工走出身份认同的困境提供良好的社会环境和舆论基础,新闻媒体和公众舆论要发挥正确的导向作用,对农民工群体中健康、积极的方面多加报道与宣传,以消除城市居民对农民工的偏见和误解。

针对政策偏差方面,易善策(2007)认为政府职能偏差往往出现政府缺位、政府越位和政府错位,因此,破解农民工融入障碍必须转变政府的职能和观念,通过扭转政府的观念,大力推进农民工待遇平等化来实现。胡放之(2008)认为改革相关制度、消除工资歧视是解决农民工市民化的根本指向,具体的措施包括:加快户籍制度的改革以及与此相关的其他制度如劳动用工制度、社会保障制度的改革,清除影响农村劳动力进城的制度性障碍;创新城市公共财政制度,使义务教育、公共卫生等基本公共服务逐步覆盖到农民工;加快土地流转制度的改革,鼓励土地流动和转包,特别是要鼓励那些有意留在城市的农民工及家人放弃土地经营权,并使他们获得相应的补偿,同时,还要积极探索和建立农村人口进城宅基地置换制度,降低农民在城市置房的成本和迁移成本。李珂(2009)提出要在就业、工资、社会保障等方面,消除对农民工的歧视,使农民真正融入城市和社会。

通过对近年来国内学术界关于农民工城镇融入问题研究的梳理与总结,我们可以发现,当前我国城镇化进程中,农民工城镇融入困难重重。农民工被边缘化是个不争的事实,在城镇里成为一个特殊群体,其工作和生活的境况令人担忧。他们作出的贡献与所处的社会地位和受到的社会待遇极不相称。如何有效解决农民工融入城镇难问题,仍有待更多学术探讨和现实行动。

5.2.2 农民工城镇社会融入状况调查

本书对农民工城镇社会融入状况的调查主要包括农民工在城镇的住房情况、家庭成员去向以及在城镇生活面临的困难等几个方面。

5.2.2.1 农民工在城镇的住房情况

居住问题是农民工在城镇生活遇到的最基本问题之一。根据国务院研究室提交的《中国农民工问题研究总报告》(2006)显示,目前中国农民工住房问题的解决主要有三种形式:一是农民工自行租赁;二是由用人企业提供;三是居住在工作场所。

据建设部门估计,租房比例约占60%,用人单位提供住宿条件的占30%,自购房的不足5%,以投亲靠友及其他方式解决住房的占5%。农民工居住方式与所从事职业有很大关系。制造业和工矿企业的农民工,一般交纳少量住宿费,居住在企业提供的集体宿舍;建筑行业的农民工,一般居住在企业免费提供的简易工棚,有些居住在未竣工的房屋中;从事批发零售业的,收入相对较高且较为稳定,一般独自或与人合租城乡结合部农民房或"城中村"的房屋,个别的购买商品房或二手房;从事浴室、餐饮等工作的,一般居住在工作场所;从事家政服务的,一般居住雇主家中或自行租房居住。[①]

总体而言,由于农民工收入水平较低,且习惯于节俭的生活方式,他们大多租住在城市郊区以及市内租金低、条件较差的房屋。很多住房不仅居

---

① 中国农民工问题研究总报告起草组:《中国农民工问题研究总报告》,《改革》2006年第5期。

住拥挤,而且缺乏必要的安全和卫生等设施。而从事建筑行业的农民工一般居住在简易的工棚里,环境卫生和食物安全条件很差。

为了真实地了解农民工居住条件,本书在问卷调查表中设置了询问农民工住房的问题。从获得的数据显示,农民工自行租赁住房的所占比例最大。

表5-1 农民工住房情况 （单位:个、%）

住房	类别	单独租的	和人合租的	借住亲友家	购买商品房	自建的单位提供	其他	合计
频数	117	125	21	28	13	64	57	425
比例	27.5	29.4	4.9	6.6	3.1	15.1	13.4	100

从表5-1可以看出,自行租赁的占了56.9%,其中,单独租的为27.5%,多半是一个家庭居住。进一步调查农民工居住的区域,我们注意到农民工租赁的房屋主要是在城乡结合部当地百姓的房屋。这些房屋租金相对便宜,但是周边环境普遍较差,治安隐患突出。购买商品房的仅占3.1%,以农民工的收入很难具备购买商品房的能力,更何况农民工所在的福州、厦门、泉州是全省商品房价格最高的地区。而购买了商品房的28位农民工①,都是在2005年以前购买的,且他们在城里的打工年限都达到10年以上,有一定的资金积累。自建房屋的13位农民工都是本地人,居住在城市郊区,他们白天进城务工,晚上回家休息。其他的57位大部分是从事建筑行业的,居住在工地简易的工棚里。

从我们所调查的样本数据来看,农民工的居住条件与国务院研究室提交的《中国农民工问题研究总报告》所描述的几乎一致。居住条件差影响了农民工在城镇的生活品质,也拉远了与城市居民之间的隔阂。如果农民

① 已购买商品房的农民工样本,大部分只把家庭一部分人的户口迁移到城镇,只有个别实现举家户口迁移。但是,不管哪种情况,他们在老家仍然拥有住房,仍然保留承包地或宅基地。因此,在本文中,我们还是把他们列入农民工行列,且人数少,不影响研究的结论。

工住房问题不解决,他们很难融入城市,不利于城镇社会的和谐发展。

5.2.2.2 农民工家庭情况

根据本次调查显示,只有22.5%的农户已将全家搬迁到城镇,77.5%(329个样本)的农户在老家留有其他家庭成员。留守在农村老家的亲人中父母占了最大的比例,其次是子女(详细数据见表5-2)。

由调查数据可以看出,留守在农村的多半是老人与孩子。可见,青壮年劳动力大量外流促使农村空心化、农民老龄化的现象日趋明显,农村留守老人、留守儿童、留守妇女问题突出,由此引发了诸多社会难题,影响了农业的可持续发展和农村社会的稳定与和谐。

表5-2　农民工家庭成员留守农村情况　　(单位:个、%)

家庭成员类型	父母	妻子	丈夫	子女	其他	合计
频数	304	75	13	165	32	589
比例	51.6	12.7	2.2	28.1	5.4	100

注:该问题的选项可以多选。

进一步,针对96个已经将全家迁至城镇的农民工样本进行调查,分析搬迁的原因。我们提出问题:"您将全家搬迁到城镇的主要原因是什么?"我们给出以下选项:①工作机会多;②收入较高;③在城镇工作,住在农村往来不方便;④生活比较方便;⑤有良好的教育环境;⑥文化娱乐活动比较丰富;⑦为全家定居城镇做准备;⑧其他(请说明)。在回答问题时,我们请样本农民工按优先序次选择三项(不要求全部选择)。我们发现,"收入较高"、"生活方便"以及"有良好的教育环境"是农民工全家搬迁城镇的最主要原因(详细数据见表5-3)。

从表5-3可以看出,农民工样本都回答了第一选项,第二选项也基本上得到回答。从农民工优先序次回答的情况来看,第一选项中,"收入较高"、"生活比较方便"和"有良好的教育环境"是农民工选择比较集中的选项。再对农民工全家搬迁原因进行多响应变量分析,"收入较高"是被选择次数最高的选项,其次是"有良好的教育环境",再次是"工作机会多"。从总体上来看,追求较高的收入和便利的城镇生活,以及为子女寻求较好的教育环境是农民工全家搬迁的主要动因。

表5-3 农民工全家搬迁原因的优先序次分析 (单位:个、%)

原因	第一		第二		第三	
	频数	百分比	频数	百分比	频数	百分比
1	13	13.5	17	20.5	6	14.6
2	31	32.3	19	22.9	12	29.3
3	11	11.5	13	15.7	3	7.3
4	20	20.8	9	10.8	1	2.4
5	18	18.8	21	25.3	11	26.9
6	0	0.0	1	1.2	5	12.2
7	2	2.1	0	0.0	3	7.3
8	1	1.0	3	3.6	0	0.0
合计	96	100.0	83	100.0	41	100.0

注:①工作机会多;②收入较高;③在城镇工作,住在农村往来不方便;④生活比较方便;⑤有良好的教育环境;⑥文化娱乐活动比较丰富;⑦为全家定居城镇做准备;⑧其他(请说明)。

表5-4 农民工全家搬迁原因的多响应变量分析 (单位:个、%)

原因	1	2	3	4	5	6	7	8	合计
频数	36	62	27	30	50	6	5	4	220
比例	16.4	28.2	12.3	13.6	22.7	2.7	2.3	1.8	100

注:①工作机会多;②收入较高;③在城镇工作,住在农村往来不方便;④生活比较方便;⑤有良好的教育环境;⑥文化娱乐活动比较丰富;⑦为全家定居城镇做准备;⑧其他(请说明)。

5.2.2.3 农民工在城镇工作生活遇到的困难

针对农民工在城镇工作、生活遇到的困境,学术界也做了较深入的探讨。国务院研究室提交的《中国农民工问题研究总报告》(2006)对农民工在城镇工作面临的问题也进行较深入的探讨,认为工资待遇低、工作环境恶劣、社会保障缺失、公共服务缺位以及子女上学难等成为农民工在城镇工作生活面临的突出问题。为了真实了解情况,我们在本次调查问卷中设计了一项问题:"您认为在城镇生活的最大困难是什么?"给出的选项分别是:①社会关系少,办事艰难;②工作压力太大;③住房问题不好解决;④工作难找;⑤孩子入学麻烦太多;⑥工作不稳定;⑦常常感到被城里人看不起;⑧收入低;⑨消费过高;⑩户口不好解决;⑪家中土地不好流转;⑫城市医疗保险不好解决;⑬其他(请说明)。① 要求所有农民工样本对以上选项按优先序次选择三项,且不要求全部选择。

从农民工序次选择的情况来看,"住房问题不好解决"、"孩子入学麻烦太多"、和"社会关系少,办事艰难"成为农民工城镇融入遇到的最主要困难(详细见表5-5)。

表5-5　农民工在城镇工作生活遇到困难的序次分析(单位:个、%)

选项	第一		第二		第三	
	频数	比例	频数	比例	频数	比例
1	58	13.6	43	11.6	21	8.0
2	37	8.7	45	12.1	31	11.7
3	72	16.9	38	10.2	29	11.0
4	34	8.1	22	5.9	13	4.9
5	65	15.3	37	10.0	18	6.8
6	51	12.0	49	13.2	27	10.2
7	36	8.5	29	7.9	31	11.7
8	23	5.4	19	5.1	19	7.3
9	19	4.5	38	10.2	9	3.4
10	9	2.1	36	9.8	41	15.5

---

① 该部分的调查问卷参考了葛晓巍(2007)的《市场化进程中农民职业分化及市民化研究》中所附调查问卷的部分内容。

续表

选项	第一		第二		第三	
	频数	比例	频数	比例	频数	比例
11	1	0.2	7	1.9	0	0.0
12	13	3.1	3	0.8	14	5.3
13	7	1.6	5	1.3	11	4.2
合计	425	100.0	371	100.0	264	100.0

注:①社会关系少,办事艰难;②工作压力太大;③住房问题不好解决;④工作难找;⑤孩子入学麻烦太多;⑥工作不稳定;⑦常常感到被城里人看不起;⑧收入低;⑨消费过高;⑩户口不好解决;⑪家中土地不好流转;⑫城市医疗保险不好解决;⑬其他(请说明)。

表5-5显示的数据可以反映出农民工城镇融入遇到的主要困难所在。在第一选项中,住房、子女教育以及社会关系是农民工在城镇生活面临最大的困扰。在第二选项中,被选择次数最多的依次是"工作不稳定"、"工作压力大"和"社会关系少,办事艰难"。有264位农民工对三个选项做全部选择。为了分析选项被选择的总频数与占比,我们进一步做了多响应变量分析(详细数据见表5-6)。

表5-6　农民工在城镇工作生活遇到困难的多响应变量分析

(单位:个、%)

选项	1	2	3	4	5	6	7	8	9	10	11	12	13	合计
频数	122	113	139	69	120	127	96	61	66	86	8	30	23	1060
比例	11.5	10.6	13.1	6.5	11.3	12.0	9.1	5.8	6.2	8.1	0.8	2.8	2.2	100.0

注:①社会关系少,办事艰难;②工作压力太大;③住房问题不好解决;④工作难找;⑤孩子入学麻烦太多;⑥工作不稳定;⑦常常感到被城里人看不起;⑧收入低;⑨消费过高;⑩户口不好解决;⑪家中土地不好流转;⑫城市医疗保险不好解决;⑬其他(请说明)。

从多响应变量分析来看,农民工选择次数最多的前五项依次是"住房问题不好解决"、"工作不稳定"、"社会关系少,办事艰难"、"孩子入学麻烦太多"、"工做压力大"等,此五项占了58.5%。可见,除了住房、子女教育以及社会关系问题外,关于工作的稳定性和工作的压力也是困扰农民工在城镇工作生活的主要因素。对"工作稳定性"的困惑,主要反映出农民工对未来缺乏稳定的预期,同时又折射出一个深层次的问题:农民工希望在城镇有体面的劳动和较高的收入,但是对城镇普遍缺乏归属感与安全感。"工作压力大"选项反映出农民工对工作环境与工作条件的满意度较低,较高的工作强度和艰苦的工作环境强化了农民工在城镇生活的艰辛程度。而"家中土地不好流转"出现的频数最低,说明了土地流转因素对农民工进城务工的决策产生极少的影响。"收入低"与"消费高"尽管这两个选项在单项方面占比例不高,但是两者总和也达到了 12.0%,说明了"收入与消费"也是农民工比较关切的问题。

从以上实证分析的结果可以看出,农民工在城镇融入困难既有经济层面、文化层面的问题,也有体制上的制约因素。如果不能有效地解决这些问题,那么农民工很难在城镇定居、沉淀下来。

5.2.3 农民工城镇定居意愿分析

在问到"您是否愿意留在城镇定居下来"问题时,我们给出以下选项:①愿意,想在城镇定居;②还没有考虑,依目前情况会留在城里;③不愿意,再干几年就还乡;④如果在城里生活状况转好,会定居下来的;⑤落叶归根,年纪大了就一定回老家。要求农民工只能选择一项回答。根据农民工回答的情况来看,46.4%的样本选择"愿意,想在城镇定居",13.5%的人选择"还没有考虑,依目前情况会留在城里",9.6%的人选择"不愿意,再干几年就还乡",11.2%的人选择"如果在城里生活状况转好,会定居下来的",另有19.3%的人选择"落叶归根,年纪大了就一定回老家"(见图 5-1)。

可以看出,肯定会留在城镇的有 46.4%,但是如果把②、④视为潜在的定居者,那么期望在城镇定居者的占比为 71.1%,即期望定居城镇有 302 人。

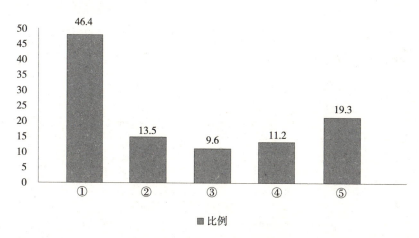

图 5-1 农民工定居城镇的意愿

注:①愿意,想在城镇定居;②还没有考虑,依目前情况会留在城里;③不愿意,再干几年就还乡;④如果在城里生活状况转好,会定居下来的;⑤落叶归根,年纪大了就一定回老家。

5.2.4 农民工城镇定居意愿相关影响因素分析

5.2.4.1 描述性统计分析

为了考察农民工定居城镇决策意愿的相关影响因素,我们对调查问卷数据进行进一步分析,把不同个人及家庭特征的农民工的定居意愿进行归类整理。首先,我们选择地区①、性别、婚姻状况、年龄、教育年限、技能状态、个人年总收入、家里承包地的面积作为变量。具体的样本描述性统计见表 5-7 所示。

从描述性统计结果来看,老家在偏远的地区的城镇定居意愿(78.5%)明显高于近郊农村地区(64.8%);女性(76.5%)比男性(68.1%)更愿意定居城镇;未婚的(71.4%)略比已婚的(70.6%)高;年龄在 19—30 周岁的最愿意在城镇定居,而 61 周岁以上的比例最低;教育年限越长在城镇定居的意愿也越高,年限 13 年以上的 87.0% 的农民工

---

① 为了分析方便,我们把离最近县城 10 公里以上的称为偏远农村,而 10 公里以内的称为近郊农村。

都想定居下来;有一技之长的比无技能的农民工在城镇定居的可能性更大;个人年总收入在 50000 元以上的 93.1% 的人愿意在城镇定居;老家没有承包地的几乎都想在城镇定居,而承包地超过 10 亩以上的有城镇定居意愿的比例最低。

表 5-7 农民工样本的描述性统计(样本总数=425)

	基本特征	人数	比例(%)	意愿(%)
地区 X_1	1=偏远农村	198	46.6	78.3
	2=近郊农村	227	53.4	64.8
性别 X_2	1=女	149	35.1	76.5
	2=男	276	64.9	68.1
婚姻 X_3	1=未婚	147	34.6	71.6
	2=已婚	278	65.4	70.6
年龄 X_4	1=19—30 周岁	113	26.6	78.8
	2=31—40 周岁	158	37.2	72.2
	3=41—50 周岁	108	25.4	75.9
	4=51—60 周岁	34	8.0	35.3
	5=61 以上	12	2.8	41.6
教育年限 X_5	1=0 年	19	4.5	36.8
	2=1—6 年	67	15.8	52.2
	3=7—9 年	175	41.1	68.0
	4=10—12 年	141	33.2	85.8
	5=13 以上	23	5.4	87.0
技能 X_6	1=无技能	234	55.1	69.7
	2=有技能	191	44.9	72.8
个人年总收入 X_7	1=0—20000 元	23	5.4	78.3
	2=20000—35000 元	188	44.2	65.4
	3=35000—50000 元	156	36.7	68.6
	4=50000 元以上	58	13.6	93.1

	基本特征	人数	比例(%)	意愿(%)
家庭承包耕地面积 X_8	1=无	23	5.4	87.2
	2=0—5 亩	192	45.2	70.4
	3=5—10 亩	189	44.5	70.9
	4=10 亩以上	21	4.9	60.9

5.2.4.2 实证检验及结果分析

在前面描述性统计分析的基础上,我们接着进行农民工定居意愿(Y)与各个影响因素(Xn)之间的列联分析,反映各个因素对农民定居意愿的影响。假定因变量 Y=1 代表"愿意定居城镇",而 Y=0 代表"不愿意定居城镇"。

为检验农民工定居意愿与各因素之间是否相互关联,我们先可以假设:

H_0:农民定居意愿(Y)与影响因素(Xn)之间是无关或相互独立的;

H_1:农民定居意愿(Y)与影响因素(Xn)之间是相关或不独立的。

本文利用列联表进行独立性检验与相关分析,以 Pearson Chi-square 统计量为独立性检验指标,判断定居意愿与各因素之间是否存在关联性,以 Kendall′s tau-b 系数为相关分析指标,判断各因素的影响程度与方向。根据 425 位农民工的相关数据,运用 SPSS16.0 进行列联分析,分析结果见表 5-8。

表 5-8 各因素对农民工定居城镇决策的影响

影响因素	独立性检验		相关分析	
	Pearson Chi-square 值	显著性水平	Kendall′s tau-b 系数	显著性水平
地区 X_1	9.407 * *	0.002	-0.149 * *	0.002
性别 X_2	3.315 *	0.069	-0.088 *	0.060
婚姻 X_3	0.040	0.842	-0.010	0.841

续表

影响因素	独立性检验		相关分析	
	Pearson Chi-square 值	显著性水平	Kendall's tau-b 系数	显著性水平
年龄 X_4	30.784 * *	0.000	−0.153 * *	0.001
教育年限 X_5	40.909 * *	0.000	0.281 * *	0.000
技能 X_6	0.497	0.481	0.034	0.479
个人年总收入 X_7	17.649 * *	0.001	0.117 * *	0.005
家庭承包耕地面积 X_8	3.737	0.291	−0.046	0.320

注: * 、* * 分别代表 10% 、5% 的显著性水平。

从以上列联分析结果,我们可以将影响农民定居城镇意愿相关因素及其影响程度归纳如下:

第一,农民工家乡所在地区对农民工的定居决策产生显著影响。该因素的 Pearson Chi-square 在 0.05 显著性水平下拒绝了相互独立的原假设,说明地区因素与农民工定居决策产生显著相关。Kendall's tau-b 系数为负,说明了老家在近郊农村定居城镇的意愿低于偏远农村地区,一般地,老家越偏远,定居城镇的意愿就越高。

第二,农民工年龄与定居意愿有着显著的关联性。该因素的 Pearson Chi-square 在 0.05 显著性水平下拒绝了相互独立的原假设,说明年龄因素会影响农民工在城镇的定居决策,而且,Kendall's tau-b 系数为负,反映了年龄越大定居意愿就越弱。新一代农民工对家乡的情结在淡化,倾向于非农就业,更向往丰富多彩的城市物质和精神文化生活,因而定居城市的愿望更为强烈。

第三,教育年限也对农民工定居城镇的意愿产生显著的影响。教育年限的 Pearson Chi-square 在 0.05 显著性水平下也拒绝了相互独立的原假设,而且 Kendall's tau-b 系数为正,说明了农民工受教育年限越长,受教育程度越高,越倾向于城镇定居。学历越高,接受信息与技术能力越强,就会越容易适应城镇的工作和生活方式,因而定居城镇的意愿就越强。

第四,个人年总收入与农民工城镇定居意愿也显著相关。该因素的 Pearson Chi-square 在 0.05 显著性水平下拒绝了相互独立的原假设,而且 Kendall′s tau-b 系数为正,说明农民工收入越高,就越倾向于在城镇定居。在前面,我们也提到,经济层面的融入是农民工在城镇安身立命的基础,它代表着最基本的生存与安全的需求。个人收入高不仅反映了农民工素质高,能力较强,善于获取在城镇扎根的物质财富,而且较高的收入回报带来就好的生活条件,使得农民工对未来预期看好,进而强化了在城镇定居的决心。

第五,虽然性别因素的独立性检验未能达到 0.05 显著性水平,但是达到 0.1 的一般显著性水平,且 Kendall′s tau-b 系数为负,说明女性在城镇定居的意愿比男性更加强烈。这个结论与"性别对人口迁移意愿的影响"的研究结论完全不同,有些学者经过研究发现,性别是决定迁移决策的重要变量之一,女性通常比男性更不倾向于迁移,如赵耀辉(1997)发现女性可减少 7% 的迁移概率,而 Hare(1999)也发现男性可以增加 30% 的迁移概率。但是,本文通过前面的实证分析证明,一旦女性迁移到城镇,她们就比男性有更大的概率在城镇定居下来。有关研究也支持了本文的结论。史清华等(2005)认为,女性的进城意愿更为强烈,这也许是因为女性对城市生活和子女教育的心理倾向超过男性的缘故。一般地,女性较男性虚荣心更强,比较羡慕城市繁华的物质和精神文化生活,因此较渴望享受城市繁华的物质和精神文化生活。葛晓巍(2007)通过实证研究表明,从事非农职业的女性在城镇定居的概率比男性要高 88.79%,说明女性在城镇定居的概率是非常大的,这可能是因为女性在城镇定居多为婚嫁的原因。

在此次列联分析中,性别、婚姻、技能与家庭承包地面积等因素的 Pearson Chi-square 在 0.05 显著性水平下未能拒绝相互独立的原假设(其中性别因素拒绝了 0.1 显著性水平下的独立假设)。在 5% 显著性水平下,相关变量按 Kendall's tau-b 系数绝对值大小依次排列为:教育年限、年龄、地区、个人年总收入,即教育年限对农民工定居意愿产生最大的影响,其次是年龄,再次是农民工老家所在地区以及个人年总收入。

通过前面农民工定居城镇意愿的相关影响因素分析,使我们更清晰地了解到农民工在城镇定居意愿的个人及家庭的相关影响因素,为本书后面提出的对策思路提供理论依据。

5.3　农民工农地承包权退出意愿调查分析

已经从农村与农业领域退出的农民如何处置家乡的承包土地以及农地承包权退出意愿如何？这是本书研究的核心问题。为此,本书的调查问卷有个专题(见附件),通过访谈和问卷调查了解农民工农地处置以及农地承包权退出意愿的真实情况。

5.3.1　农民工承包地及房屋处置问题

5.3.1.1　承包地处置问题

针对这个问题,调查问卷设置了一个题目:"您家原先的承包地是如何处置的?"给出了以下选项:①自己或家属耕种;②由亲友无偿耕种;③转包给别人耕种;④基本上已荒废;⑤已无土地,全部被征用;⑥其他(请说明)。由所有农民工样本对以上选项进行选择,有些农民工样本出现两种以上的情况,如部分土地被征用,部分仍由自己耕种,或者部分转包,其余荒废等等,这些情况可以选择"⑥其他",并详细说明。

通过对反馈的数据进行分析,我们发现,选择仍由"自己或家属耕种"和"转包给别人耕种"的所占的比例较大(详细数据见表5-9)。

表 5-9　农民工承包地处置情况　　（单位:个、%）

选项	1	2	3	4	5	6	合计
频数	117	87	135	51	23	12	425
比例	27.5	20.5	31.8	12.0	5.4	2.8	100.0

注:①自己或家属耕种;②由亲友无偿耕种;③转包给别人耕种;④基本上已荒废;⑤已无土地,全部被征用;⑥其他(请说明)。

　　本次调查问卷没有设置"由集体收回承包权"的选项,这是因为我们调查的对象是进城农民工,已经进城落户并已放弃承包田的不是我们调查的对象。而前面提到的28位已购买商品房的农民工,已经实现举家户口迁移的,但仍然保留老家的承包地,调查结果显示,他们的承包地大部分由亲属耕作或基本上处于荒废状态,个别人的耕地被征用。

　　表中所示的"自己或家属耕种"有117人,是指由农民工留守家乡的家属或本人在农忙季节回乡耕种。由亲友无偿耕种占比20.5%,转包的占比31.8%。前三项共占79.8%,加上第6选项中有部分耕种的,说明在农村劳动力大转移的背景下,耕地播种率基本维持在80%以上水平。

5.3.1.2　农村耕地撂荒问题及其相关影响因素

　　从表5-9相关数据可以看出,农民工承包土基本上已荒废的达到12.0%,说明农村耕地撂荒现象确实存在,而且随着农村老龄化、空心化的加剧,由父母亲等亲属耕种的比例会降低,从而导致耕地撂荒现象愈发严重。

　　对于耕地撂荒形成的原因,已有研究进行了广泛和较深入的探讨。国内学者主要从以下几个方面解析耕地撂荒的成因:①农业比较效益低下。长期以来工、农业产品之间存在价格剪刀差以及农产品价格相对偏低等原因导致了农业生产效益低下,挫伤了农民种粮的积极性(许伟等,1993;邾鼎玖等,2000;张斌,2001;王学斌,2007;韩立达等,2008;曹志宏等,2008;马国忠,2008;陈卫宜,2008)。②农村劳动力转移。随着农村劳动力向第二、三产业和经济发达地区转移,导致从事农业生产的劳动力严重缺乏,致使大量耕地因无人耕种而造成撂荒(许伟等,1993;郏鼎玖等,2000;常伟,2011)。③耕地质量差和生产条件落后。质量较差,生产条件也较差的耕地由于资金投入大、劳动强度大、不经济,被撂荒的现象也最为普遍(许伟等,1993;杨涛等,2003)。④土地流转机制不健全。农村土地流转交易制度缺失及土地经营权转让市场发育滞后,导致农村土地经营权转让的交易成本高昂,这成为了土地撂荒的直接原因(盛洪,2001;谭术魁,2004;王为民等,2008;马国忠2008)。⑤农民土地权益缺乏保障。研究表明由于农地所有权主体的虚化与错位,这使得农民土地权益无法得到保障,无心经营土地,致使土地撂荒现象的出现(周全绍,2006;刘润秋,2006;韩立达等,2008)。

综上所述,已有研究倾向于从宏观层面来分析耕地撂荒的成因的。但是,未能解释在相同的宏观经济变量下,为何有的农民做出弃耕撂荒的决策而有的农民固守在农田里耕作?要回答诸如此类的问题就必须从农民生产决策的视角来探讨。作为"理性人"的微观经济主体,农民撂荒耕地是一种理性决策行为。当农民认为进城务工获取的收益回报远远超过耕种所获得收益,且在农地流转不畅的情况下,他们就会做出弃耕撂荒的决策。宏观背景因素只是耕地撂荒的外在动力,而农民内因的变化是耕地撂荒的内在驱动力,内在因素集中体现在农民个人及家庭条件的变迁上。可以预见,随着新生代农民工对土地依赖性的降低,农民群体受教育程度的提升,以及农民职业分化的深化,耕地撂荒的内在驱动力将不断得到强化。

为了考察农民工撂荒耕地的相关影响因素,本文进一步做列联分析。首先,将耕地已被全部征用(被动退出)的样本排除出去,得到样本402个,承包土地基本上处于荒废的为51个,占比12.7%。我们选择家庭总人口、家庭非农劳动人口比例、家庭主要收入来源、人均耕地面积、地区经济状况、农田灌溉条件、农地流转情况作为变量①。具体的样本描述性统计见表5-10。

---

① 考虑到有些农民工不是户主,无法作出是否耕作的决策,所以本次列联没有把农民工个人条件因素作为解释变量。

表 5-10 承包地基本上处于荒废状态的农民工样本描述性统计(样本总数=402)

	基本特征	人数	比例(%)	发生撂荒比例(%)
家庭总人口	1=1—3	125	31.1	15.2
	2=4—6	265	65.9	11.7
	3=6 以上	12	3.0	8.3
家庭非农劳动人口比例	1=1—0.5	146	36.3	7.5
	2=0.5—1	256	63.7	15.6
家庭主要收入来源	1=农业	5	1.2	0.0
	2=以农为主兼业	70	17.5	0.0
	3=以非农为主兼业	148	36.8	8.1
	4=非农业	179	44.5	21.8
人均耕地面积	1=0—1 亩	287	71.4	13.2
	2=1 亩以上	115	28.6	11.3
地区经济状况	1=沿海发达地区	76	18.9	17.1
	2=欠发达地区	326	81.1	11.7
农田灌溉条件	1=好或很好	204	50.7	1.5
	2=一般	73	18.2	15.1
	3=差或很差	125	31.1	29.6
农地流转情况	1=容易或很容易	181	45.1	5.0
	2=一般	48	11.9	10.4
	3=难或很难	173	43.0	21.4

在描述性统计分析的基础上,我们利用与前面城镇定居意愿分析相同的方法与步骤,对农民工承包土地发生撂荒行为①(设为因变量 Y)与各影响因素(X)之间的列联分析。根据 402 位农民工的相关数据,通过 SPSS16.0 软件分析,结果见表 5-11。

———————

① 基于数据的可获得性,本文仅限于承包地基本上处于荒废状态的农民工样本。

表 5 – 11　各因素对农民工撂荒承包地决策行为的影响

影响因素	独立性检验		相关分析	
	Pearson Chi-square 值	显著性水平	Kendall′s tau-b 系数	显著性水平
家庭总人口	1.152	0.562	−0.053	0.297
家庭非农劳动人口比例	5.494＊＊	0.019	0.117＊＊	0.010
家庭主要收入来源	27.083＊＊	0.000	0.246＊＊	0.000
人均耕地面积	0.278	0.598	−0.026	0.587
地区经济状况	1.652	0.199	−0.064	0.245
农田灌溉条件	55.823＊＊	0.000	0.353＊＊	0.000
农地流转情况	21.770＊＊	0.000	0.222＊＊	0.000

注：＊＊代表5%的显著性水平。

从独立性检验与相关分析的结果来看,家庭非农劳动力人口比例、家庭主要收入来源、农田灌溉条件以及农地流转情况对农民工弃耕撂荒行为具有显著的相关性。家庭从事非农业的人口比例越高,意味着家庭从事农业的劳动力不足,从而影响耕作的正常进行;家庭主要收入来源于农业或以农业为主的农户更加重视对农业的资本和劳动力投入,因而发生农地荒废的可能性很低;灌溉条件越差,流转越困难的耕地被荒废的概率就越高。

耕地是不可再生资源,大量闲置浪费的现象如果得不到有效遏制,不仅会威胁到国家的战略和安全,也会严重影响我国经济的全面健康发展。大量的研究和本文的实证都证明了农地流转不畅是造成耕地撂荒的重要原因。因此,加快农地流转有助于减少耕地撂荒的现象。然而,从实践情况看,由于土地收益低下,农地流转的内在动力不足。尤其是地处偏远、灌溉条件差以及细碎化严重的耕地,流转极其困难。对于质量较差的耕地,难以通过流转方式来防止撂荒现象的产生。如果没有一个有效的退出机制,我国农村耕地撂荒现象将长期存在并有恶化的趋势。这也是本书后面部分要着重探讨的问题。

5.3.1.3　农民工家乡房屋处置问题

针对问题:"您家原先的房屋是如何处置的?"我们给出以下选项:①空置在那里;②由亲属居住;③已出售给别人;④已出租给别人;⑤其他(请说明)。需要说明的是,这里的房屋是指农民工家庭现在居住或最近居住过的,不包括祖上遗留下来且废弃多年的老宅。有些农民工有多处房产,且有多种的处置方式,这种情况就可以选择"⑤其他(请说明)"。根据样本农民工回答的情况,由亲属居住所在的比例最高,达到79.5%(详细数据见表5-12)。

表5-12　农民工家乡房屋处置情况　　　　(单位:个、%)

选项	1	2	3	4	5	合计
频数	49	338	11	19	8	425
比例	11.5	79.5	2.6	4.6	1.8	100

注:①空置在那里;②由亲属居住;③已出售给别人;④已出租给别人;⑤其他(请说明)。

从表5-12可以看出,79.5%的房屋由农民工留守在农村的其他家庭成员居住,这个数据与前面所调查的"农民工家庭成员留守农村情况"的数据基本吻合。农民工在老家的房屋空置率不高,只有11.5%,主要原因是,数据不包括长期无人居住的老宅,当然,也不排除个别农民工样本不愿意如实填写。

5.3.2　农民工承包地退出意愿分析

下面,我们要着重分析农民工土地承包权退出意愿的情况。2010年国务院发展研究中心农村经济研究部做了大型调查,走访6232个农民工,对于承包地,80%的农民工表示在城里落户后不放弃。那么,真实的情况又是如何? 获取真实可靠的数据,是本书实证研究并得出正确结论的关键,为此,我们在问卷调查表上有针对性地设置相关问题及选项。在调查问卷上,我们设置了5个相关话题(见附件一):

C3、如果您不再从事农业,愿意将承包地退还给集体吗?(不提示补偿)

C4、如果政府给予合理补偿(或满足 C5 中某个条件),您愿意退出承包的土地吗?

C5、如果愿意(不愿意的无需回答),什么情况下您会退出承包的土地?

C6、如果不愿意退出,那么您不想放弃承包地的原因有哪些?

C7、如果您不愿意退出农村土地,将来您是否回乡重新经营农业吗?

下面,我们将不同问题回应所获得的数据进行深入分析:

5.3.2.1 农民工退地意愿方面

如果不提示政府给予补偿,那么只有 15 人愿意退出,占比 3.5%,但是,我们进一步分析发现这 15 人都是"已无土地,全部被征用"的样本。这部分人的退地意愿情况已经没有统计意义,所以,必须将 23 个已无土地的样本剔除。这样,关于退地意愿的调查样本仅限于 402 个农民工的调查问卷。也就是说,402 个样本无一人选择"不提示补偿"情况下愿意退出土地,而"政府给予合理补偿"情况下,愿意退出的有 216 人。出现这种情况的可能原因是:问卷设计有瑕疵,C3 与 C4 并列,当样本农民工看到既然有"政府给予合理补偿"就不会选择 C3 中的"愿意"选项,只会选择"不愿意"。但是,这种问题不影响本文的进一步论证,因为不管哪种情况,我们都把回答"愿意"的样本归为一类。从数据来看,在"合理补偿"条件下,愿意"有条件退出"的占比约 53.7%。很明显,本次调查的数据与 2010 年国务院发展研究中心农村经济研究部提出的相关数据有较大的差异。笔者认为,首先最根本的原因是,本书把农民土地退出与城镇融入问题结合起来,调查问卷里充分考虑到农民工土地退出后的出路问题,比如,在本次调查中,我们在询问农民工退地意愿后进一步说明"退地的满足条件",一些农民工样本起初选择"不愿意",当看到一些条件可以得到满足,或者说融入城镇变得相对容易,退地态度就会发生转向。这种情况在我们调查时候经常遇到的;其次的原因是,调查方式、问卷内容、调查区域以及样本数量的差异性也会导致有不同的统计结果。为了验证调查数据的可靠性,笔者在2012年春节期间,在农民工聚集的地方如火车站、汽车站附近随机问了50个左右的农民工,结果与上次调查大致相同。基于尊重原始资料的原则,我们使用原始调查问卷显示的数据作为进一步论证的支撑。

5.3.2.2　关于农民工退地的条件

针对"如果愿意(不愿意的无需回答),什么情况下您会退出承包的土地?"我们给出了以下的选项:①给予一笔补偿金;②可以解决城里户口;③以土地置换城里的住房;④在城里有体面与稳定的工作;⑤如果子女都在城里生活与工作;⑥如果没有家庭成员在老家生活;⑦以土地置换养老保险与医疗保险;⑧可以解决子女就学或就业问题;⑨其他(请说明)。要求样本农民工按优先序次选择三项(不要求全部选择)。

从调查数据来看,216个愿意退出的样本都回答了第一选项。在第一选项中,有56个农民工样本集中选择了选项③"以土地置换城里的住房",占比25.9%。选择频数最多的前三个依次是:"以土地置换城里的住房"、"在城里有体面与稳定的工作"和"以土地置换养老保险与医疗保险"。三项占比之和为58.8%,说明了对于农民工群体而言,解决住房、就业以及养老与医疗保障问题仍是他们优先考虑的目标。有208个样本回答了第二选项,按频数次序为:"给予一笔补偿金"、"以土地置换养老保险与医疗保险"、"可以解决城里户口"和"在城里有体面与稳定的工作",另有151个样本回答了第三选项(详细数据见表5-13)。

表5-13　农民工退地条件优先序次分析　　(单位:个、%)

选项	第一		第二		第三	
	频数	百分比	频数	百分比	频数	百分比
1	27	12.5	39	18.8	22	14.6
2	22	10.1	32	15.4	18	11.9
3	56	25.9	25	12.0	23	15.2

续表

选项	第一		第二		第三	
	频数	百分比	频数	百分比	频数	百分比
4	38	17.6	31	14.9	25	16.6
5	17	7.9	9	4.3	7	4.6
6	3	1.4	8	3.8	6	4.0
7	33	15.3	36	17.3	23	15.2
8	19	8.8	28	13.5	27	17.9
9	1	0.5	0	0.0	0	0.0
合计	216	100.0	208	100.0	151	100.0

注：①给予一笔补偿金；②可以解决城里户口；③以土地置换城里的住房；④在城里有体面与稳定的工作；⑤如果子女都在城里生活与工作；⑥如果没有家庭成员在老家生活；⑦以土地置换养老保险与医疗保险；⑧可以解决子女就学或就业问题；⑨其他（请说明）。

为了考察农民工退地条件选项的总频数与占比，本书进一步做了多响应变量分析（见表5-14）。从表中可以看出，农民工选择最多的选项是"以土地置换城里的住房"，其次是"在城里有体面与稳定的工作"。"以土地置换养老保险与医疗保险"、"给予一笔补偿金"、"可以解决子女就学或就业问题"以及"可以解决城里户口"等选项占比也达到10%以上。

表5-14　农民工退地条件多响应变量分析　　（单位:个、%）

选项	1	2	3	4	5	6	7	8	9	合计
频数	88	72	104	94	33	17	92	74	1	575
占比	15.3	12.5	18.1	16.3	5.7	3.0	16.0	12.9	0.2	100.0

注：①给予一笔补偿金；②可以解决城里户口；③以土地置换城里的住房；④在城里有体面与稳定的工作；⑤如果子女都在城里生活与工作；⑥如果没有家庭成员在老家生活；⑦以土地置换养老保险与医疗保险；⑧可以解决子女就学或就业问题；⑨其他（请说明）。

通过前面的实证分析可以看出，相当部分的农民工样本即使在有补偿条件下也不愿意退出土地承包权，而在一定条件下愿意退出的农民工样本占总样本的 53.7%。住房、工作、福利保障以及户口等都是农民工比较关心的问题,也是农民工不愿意退出土地的主要制约因素。如果这些问题不能有效解决,农民工就不会放弃手中的土地。

5.3.2.3 农民工不愿意退出土地的原因

除了 216 人选择"愿意"外,还有 186 人不愿意退出土地承包权。针对不愿意退地的原因,调查问卷上也设计一个问题:"如果不愿意退出,那么您不想放弃承包地的原因有哪些?"该题不给定选项,由农民工自己填写或农民工叙述由调查人员填写。从调查的情况来看,农民工不愿意退地的原因主要集中在以下几个方面(见图 5－2):

第一,担心失去生活的最后保障。"城里没活干,家里没地种,以后怎么办呢","有了土地,心里才踏实,最起码有最后的保障吧",这是大部分不愿意退地的农民工的共同心声。问卷显示,在选择"不愿意退出"的样本中有相同或相似的观点占了 30% 左右。

第二,对土地有浓厚的情结。"祖祖辈辈与土地打交道,怎么可以放弃呢?"在调查中我们发现,约有 20% 的农民工"落叶归根"情结依然浓厚,尤其是年龄较大的农民工,他们把土地当作自己最可靠的依赖,家乡就是最后的归属。在前面"农民工在城镇定居意愿调查"的分析中,本书也提到一个现象:有 19.3% 的人选择了"落叶归根,年纪大了就一定回老家"的选项。同时,实证也表明了,年纪越大定居城镇的意愿就越弱。因此,在"落叶归根"情结的驱动下,许多农民工把务工的积蓄汇回原籍乡村,在乡村占用耕地建房置业,以备将来还乡养老。

第三,担心政府给予的补偿过低。这样的样本大约占了不愿意退地样本中的 20%。"政府能拿多少钱呢? 我们会吃亏的。"怕吃亏的心理也是许多农民工不愿意退地的主要原因,这也从侧面反映出一个深层次问题,即农民工对地方政府并不信任。农民工缺乏对地方政府的信任,降低了基层组织治理的权威性,弱化了地方政府对土地合法监控的能力。

第四,担心失去了土地财产性收入。持该观点的样本约占 15% 左右。

对于区位较好,基础设施较完善,且容易流转的土地,农民工每年都可以从中获取可观的收益,一旦失去了土地,就失去了这些土地财产性收入。因此,在农民工不愿意放弃这些额外收益的情况下,他们是不会轻易地退出土地承包权。

以上是农民工不愿意退地的主要原因。此外,还有一些其他原因,比如担心政策发生变化、政府的承诺不能兑现、粮食价格涨了种地效益会提高等等,不一而足。

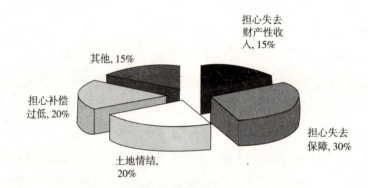

图 5-2　农民工不愿意放弃土地承包权的原因

5.3.2.4　农民工回乡重新经营农业的意愿及原因

当问到:"如果您不愿意退出农村土地,将来您是否回乡重新经营农业?"在186人不愿意退出的样本中,回答"是"103人,占比55.4%,回答"否"46人,占比24.7%,回答"还没有想好"的37人,占比19.9%。

"如果您重新选择经营农业,原因有哪些?"我们给出以下选项:①非农职业风险太大;②城里人歧视外来人;③父母孩子要照顾;④农业收入高;⑤现在出去赚钱难;⑥城里限制外来人;⑦做生意失败了;⑧工作压力太大;⑨不适合城市生活;⑩其他(请说明)。允许样本农民工多项选择。结果显示,"父母孩子要照顾"出现的频数最高(见表5-15)。

表5-15　农民工回乡重新经营农业的原因　　（单位:个、%）

原因	1	2	3	4	5	6	7	8	9	10	合计
频数	75	57	93	34	88	69	8	76	41	12	553
占比	13.6	10.3	16.8	6.1	15.9	12.5	1.5	13.7	7.4	2.2	100.0

注:①非农职业风险太大;②城里人歧视外来人;③父母孩子要照顾;④农业收入高;⑤现在出去赚钱难;⑥城里限制外来人;⑦做生意失败了;⑧工作压力太大;⑨不适合城市生活;⑩其他(请说明)。

　　从表5-15可以发现,"父母孩子要照顾"、"现在出去赚钱难"和"工作压力太大"是农民工样本回乡重新经营农业的主要驱动因素。因此,农民工个人及家庭因素对农民工的生产决策会产生重大的影响。

　　农民工回乡重新经营农业,是农民退出过程中遇挫的本能反应,也是农民工作为经济人在权衡比较非农与农业经营所带来的效用而做出的理性决策。从主要驱动因素来看,农民工个人能力与家庭因素是决定农民工能否融入城镇,完成农民向市民转身的内在决定因素。因此,在制度设计上必须充分考虑农民内因的变迁及其对制度实施效果的影响。

5.4　农民工农地承包权退出意愿:基于个案的实证分析

　　在前面两节,我们从城镇融入与土地退出两个方面,运用被调查的425个农民工样本实证分析了农民工融入城镇的现状、定居城镇意愿以及农民工退出土地承包权意愿等情况,揭示了当前农民工城镇融入面临的困境,影响农民工退出土地承包权意愿的各种制约因素。本节将在此基础上,采取个案研究方法,在样本地区选取愿意退出和不愿意退出农地的两种典型案例,侧面了解农民工在劳动力转移过程中与市场、社会以及政府的关系,理解农民工决策行为的逻辑。通过个案分析,使我们对农民工退出土地意愿的各种影响因素会有更清晰的理解。

5.4.1　研究方法

本书在总结与借鉴前人已有研究文献基础上,结合本书研究的主要内容和方向,设计出一份调查问卷表,通过问卷调查的方式进行实地调查。同时考虑到部分农民工文化程度较低,或者有些农民工不愿意以书面方式接受调查,所以在实际操作过程中,我们也采取个别访谈的方式与农民工样本进行交流。在访谈的过程中,我们始终关注访谈对象提供的关于城镇融入问题以及农地利用与退出意愿的关键信息。对所获得原始资料进行分析,并加以提炼总结,最后,我们选取四个代表性农民工样本作为本节的案列分析对象。这四个农民工分别是来自重庆开县的王某、贵州思南县的张某、江西余江县的郑某与来自福建连江的林某。

5.4.2　福清城关农民工王某:愿意有条件地退出土地承包权

王某的老家位于重庆开县紫水乡 X 村,现其本人在福清市城区以骑摩托车载客为生。四年前王某的妻子和一对儿女来到福清与其共同生活,而年迈的父母亲留守在重庆老家,每隔 3 个月他都会定期向父母双亲汇去 1000 元钱。开县紫水乡是一个典型的农业镇,截止 2007 年底,全乡总人口 30663 人,其中农业人口 30015 人,非农业人口 648 人,全乡劳动力 15788 个,其中第一产业占 4588 个,常年外出 11200 个,年创劳务收入 3848.7 万元。全乡现有耕地 20024.8 亩,其中田 13580 亩,占耕地面积的 67.8%;地 6444.8 亩,占总耕地面积的 32.2%。王某所在的 X 村外出务工农民主要去向是广东、福建等地,进城务工的非农收入成为该村最主要收入来源。

2011 年 7 月 25 日中午,我来到福清城关,在街头遇到骑摩托车待客的王某,按照问卷调查表上的内容对王某进行访谈。现将访谈的主要内容归纳如下:

5.4.2.1　在城镇生活状况

目前,王某与他的妻儿租住在城关郊区的一套房子里,房租每个月 650 元。王某现年 38 周岁,来福清打工已经有 15 年了。刚开始学做水泥工,由于嫌赚钱较少且是苦力活,不到两年他就改行做了蔬菜贩子。在一次偶然的机会,他遇到了一位经营骑摩托车的车主,从聊天交流中得知骑摩托车载客收入较高,于是他又决定经营摩托车载客。现在他一个月收入大约5000余元,其妻子在农贸市场贩卖蔬菜,一个月可赚取2000余元,一对儿女在当地小学借读。当问到"在城镇生活遇到的最大困难是什么"时,他认为,在这里没有属于自己的房子,且社会关系少、办事艰难,经常让他感到对城市没有归属感与安全感。不过,当地人对他还是很亲善的,没有因为口音差异而歧视他,而且,这里的气候比老家好,如果可能的话,他愿意留在当地生活与工作。

5.4.2.2　家乡资源处理情况

王某老家的承包地约5亩,现在由他父母亲耕作,由于老人年纪大了,体力日渐衰弱,部分耕地处于荒废状态。家乡有两层楼房屋一栋,由父母亲居住。当问到"您不再从事农业后是否愿意退出承包地"时,他回答到:"如果政府会给予合理的补偿,我会考虑的。"至于退地的条件,他认为目前"以土地置换城里的住房"固然最好,但不切实际,很难实现;而"给予一笔补偿金",他认为"政府不可能会给很多钱的","贸然退地肯定会吃亏",比较好的办法是"以土地置换养老保险与医疗保险",并且能解决他们一家人的户口问题。

5.4.3　泉州市区农民工张某:愿意有条件地退出土地承包权

张某的老家在贵州思南县张家寨镇Y村,2001年来到泉州,现在在某工厂做技术工,妻子在一家超市做导购员,孩子留守在老家。张某的承包地由父母亲耕作。张家寨位于思南县城西部,距县城39公里,辖23个村(社区),167个村(居)民组,5993户,24542人,区域面积106.04平方公里,耕地面积18447亩,其中田10558亩,地7889亩。东与大河坝乡、鹦鹉溪接壤,南与许家坝镇相邻,西与胡家湾乡、宽坪乡共界,北与东华乡交界。平均海拔900米以上,最高海拔1254米,森林覆盖率达45%以上,素有思南"凉都"之美誉。常年以种植水稻、玉米、红薯、洋芋等农作物,以种植烤烟、茶叶、金银花等经济作为为主。张某所在的 Y 村,距张家寨镇政府 13 公里,有 8 个村民组,共 900 余人,耕地面积 778 亩,外出务工人员约占该村总人口的四分之一。

2011 年 7 月 31 日,我们来到泉州郊区,在一栋民房的门前遇到了在家休息的张某,按照既定的访谈内容与他进行深入交流。现将访谈的主要内容归纳如下:

5.4.3.1 在城镇生活状况

张某来泉州工作 10 年了,妻子前年才来这里与他团聚。目前他们租住在市区城乡结合部的一栋民房内。张某现年 35 周岁,他刚来泉州的时候跟随老乡在泉州汽车站帮旅客搬运货物挣钱,后来得到某工厂招工信息去应聘,从此就进入现在的工厂工作。经过多年的努力,他成为该厂的一名熟练技术工,月薪 4300 元,遇到节假日上班还有加班费。现在,他感觉最不安心的也是他最大的困扰是,无法亲自照顾自己的孩子。尽管在老家有父母亲照顾,但他们都已年迈,且当地学校教学质量不太好,学生多半是留守儿童,学习氛围不尽如人意。"为什么不把孩子带在身边呢?"他回答说正在考虑,只是这里房租较贵,且妻子也要上班,孩子带在身边有许多不便。他认为,在城里生活最大的困难就是住房问题,没有自己的住房,即使在这里工作与生活已有 10 个年头,但仍然感到自己不属于这座城市,对这里没有丝毫的认同感。还有一个问题,就是难以融入本地人的圈子,本地人排外思想较严重,且生活方式不太一样。不过,这些困难都可以克服,如果住房问题解决了,工作也比较稳定,他愿意长期在这里定居。

5.4.3.2 家乡资源处理情况

张某在老家有 3 亩承包地,目前由他年迈的父母耕作。"土地少,种田收益低,一年赚不了多少钱,连温饱都解决不了。"他认为,"即使以后不再打工了,我也不会回去务农,做点小买卖,总比种田好!"当被问到政府给予适当补偿是否愿意退出土地承包权时,他肯定地表示:"愿意!"但是,他对政府能帮助其解决住房问题也表示怀疑,最大的愿望是能与城里人享受同等的待遇,有权利享有保障房,并享有其他相同的社会保障。

5.4.4 福州市区农民工郑某:不愿意退出土地承包权

郑某是江西余江县洪湖乡 W 村人。洪湖乡位于余江县东南部,白塔河中下游北岸。东邻鹰潭高新经济技术开发区,南连龙虎山景区。320 国道、浙赣铁路、济广高速公路和邓洪线穿境而过;距离鹰潭市区、余江县城各 10公里,交通十分便利。洪湖乡面积 134 平方公里,人口 3.5 万,辖洪湖、豪岭、新湖、水北、苏家、塘桥、板桥、官坊、东杨、路底 10 个村委会。白塔河沿南缘西流,有洪湖、五湖等中型水库。乡镇企业有万向节、铸造、绞股兰茶、农机、罐头等厂。农业主产水稻、花生、黄麻,盛产茶叶。郑某所在 W 村是远近闻名的橘子村,近年来村里家家户户都种橘树,2010 年种植面积达到300 余亩,产量达 750 吨。

2011 年 7 月 23 日上午,我在福州福飞路街头遇到正在贩卖橘子的郑某,对他进行访谈,主要情况如下:

5.4.4.1 在城镇生活状况

郑某现年 35 周岁,在福州生活了 9 年。2002 年他跟随老乡来福州打工,在一家超市做搬运工。前年,他放弃工作改行贩卖水果。妻子与他一起生活,租住在福州新店一间民房里。孩子留守在老家,由父母亲照顾。他所贩卖的橘子由他的弟弟从老家运来。除此,他还经营苹果、香蕉等水果。这两年,他收入颇丰,并购置了一辆工具车,专门用来运输水果。当被问到在城里生活遇到的问题时,他认为,社会关系少、办事艰难是他遇到的最大难题。由于手续繁琐,且没有社会关系,在子女转学方面遇到不少困难。此外,长期租住房子也是一笔不小的开支,且感觉对城市没有一种归属感。他否定了在城里购房的可能,目前福州的房价让他承受不起,而保障房他又无法享受,更重要的是,他没有打算在此定居。

5.4.4.2 家乡资源处理情况

郑某自己的承包地有 5 亩,现在由亲属在耕种。老家还有一栋去年刚建成的房子,目前由父母与孩子居住。关于退出承包地问题,对他来讲完全是不靠谱的说法。"我家的地都是良田,离城关又那么近,怎么会想到退地呢?""补偿再多也不想退! 就是荒在那里,心里也踏实啊!"郑某的意愿相当明确,即无论如何都不会放弃土地。他有个计划,再过几年,他想把经营水果的收入带回家去租几亩地,种植一些利润高的经济作物,然后卖给附近城镇的居民,这样不仅节约了许多成本,也可以与子女团聚。将来,他也没有去城市定居的意愿,年纪大了就在老家生活,主要原因是老家交通方便,离城镇近,且环境更好。

5.4.5 福州市区农民工林某:不愿意退出土地承包权

林某是福建福州市连江县琯头镇 Z 村人,现在福州福飞南路某小区担任物业保安。琯头镇位于连江县南部,闽江口北岸,与马尾接壤,面积为 62 平方公里。是通往省会福州的东大门,交通便捷,区位优势明显,是国务院批准的省级对台贸易点和中国小城镇建设试点镇。现有 28 个行政村(居),总人口 5.93 万人,总户数 1.72 万户。琯头镇是福建省著名的侨乡,旅居海外侨胞 4.2 万人,有 30 多万人常年旅居海外,是福建省著名的侨乡。2010 年全镇工农业总产值完成 34.72 亿元,其中规模以上工业产值完成 34.09 亿元;固定资产投资完成 5.57 亿元;财税总收入完成 11510 万元;农民人均纯收入达 7563 元。

2011 年 7 月 23 日上午,我来到福州市鼓楼区福飞南路某小区门口遇到正在值班的林某,按照问卷调查表上内容,与他进行交流。现将主要情况描述如下:

5.4.5.1 在城镇生活状况

林某现年 53 周岁,来福州已有 10 年了,妻子在老家务农并照顾公婆,儿子大学毕业后在福州一家外贸公司上班,已结婚,并在福州购买了房子。

林某有时候住在单位宿舍里,但大部分时间是到儿子家里住。他认为,目前最大的困难是两地分居,而且照顾不到家里的老父老母。被问到"为什么不回去经营农业"时,他回答说家里耕地少,效益不高,由他妻子在家里种植些蔬菜更合适,且可以照顾到老人,更重要的是,他儿子在福州工作,有时候要去照看孙子。由于老家离福州很近,在语言、生活习俗方面与当地居民差别不大,所以感觉不到城里人存在歧视问题。但是,他不打算在城里定居下来,等孙子长大了,他退休后将会回到老家居住。他的理由是:农村环境清静,空气比城里清新,而且亲戚朋友都在老家,不想疏远他们。

5.4.4.2　家乡资源处理情况

林某老家承包地面积大约两亩,现在由其妻子耕作,主要是种植一些蔬菜、花生与地瓜等。当问到"您不再从事农业后是否愿意退出承包地"时,林某态度十分坚决:"无地就没有根,怎么会想到退地呢?再说,我们那里离城市近,就是不种,抛荒在那里也会升值,租给人家种菜也合算的。""如果政府给予补偿呢?""补偿再多,我也不想退!这是我们立命安身的根本。"

显然,林某的观点代表了部分农民工的立场,尤其是老一代的农民工,他们仍然把土地当做命根子,当做最值得依赖的财产。三十多年改革开放的洗礼,并没有改变这些农民"落叶归根"、"故土难离"、"入土为安"等浓烈的土地情怀。在强烈的土地情结下,他们根本就不愿意放弃手中的土地。

5.4.6　案例小结

通过以上案例分析,使我们对农民工城镇融入与土地退出意愿的行为逻辑有了更深刻的认识。

第一,农业经营边际收益低下是农民进城务工的主要驱动因素。从王某的案例来看,尽管打工所在的城市离老家相当遥远,但谋求较高收入与追求较好生活品质的愿望使他具有强烈的定居城市意愿。然而,住房、社会关系等因素导致了他对于城市归属感和生存安全感的游离和缺失。

第二,在王某与张某的案例中,如果政府给予合理的补偿,他就会愿意退出土地承包权。从其退地条件的选择来看,住房、养老、医疗等问题始终是农民工关注的热点。如果这些问题不能有效解决,农民工就不可能会自愿放弃手中的土地。

第三,从郑某与林某的案例来看,农民土地情结依然浓厚,尤其是年纪较大的农民工,把还乡养老当做人生的最后归属。而家乡区位条件较好,土地升值空间较大的地方,农民一般是不愿意退出土地承包权的。在此背景下,退地的实践将会面临较大的社会成本。

5.5 本章小结

本章对农民工在城镇的融入现状以及土地承包权退出意愿进行详细地描述,并在整理统计资料的基础上对农民工定居城镇意愿的相关影响因素进行实证研究,接着,本章还剖析了农民工退出土地承包权的前提条件以及不愿意退地的各种原因,同时对"愿意"和不愿意退出土地的两个典型个案进行了实证分析。通过本章的研究,我们可以得出如下结论:

第一,通过对425个农民工样本进行问卷调查与访谈,我们对农民工在城镇的生存状况有了较深刻的认识。我们得出的结论与国内学者关于农民工城镇融入的研究成果几乎是一致的。农民工在城镇工作生活遇到了经济、文化、体制等方面的制约。如果不能有效解决这些问题,农民工就很难在城镇定居、沉淀下来,从而影响农民做出退地的决策。

第二,从 Pearson Chi-square 统计量的独立性检验和 Kendall′s tau-b 系数的相关分析来看,教育年限、年龄、地区、个人年总收入等因素对农民工定居城镇产生显著的影响,其中,教育年限对农民工定居意愿产生最大的影响,其次是年龄,再次是农民工老家所在地区以及个人年总收入。

第三,调查结果显示,农民工在老家的承包地大部分由亲属或亲友无偿耕种,占比48.0%,转包的占比31.8%。在农村劳动力大转移的背景下,农村耕地的播种率基本维持在80%以上水平。但是承包土荒废的也达到12.0%,而且随着农村老龄化、空心化的加剧,耕地撂荒现象将愈发严重。

第四,在无提示补偿的情况下,进城农民工基本上不愿意退出土地承包权,但是如果把农民土地退出与城镇融入问题结合起来,充分考虑到农民工土地退出后的出路问题,将会大幅提高农民工退地的意愿(本书调查数据显示为53.7%)。从实证分析来看,住房、工作、福利保障以及户口等都是农民工比较关心的问题,也是农民工愿意退地的主要前提条件。

第五,即使有补偿条件,部分农民工还是不愿意退出土地承包权。农民工不愿意退出土地原因很复杂,但是,担心失去生活保障、对土地的浓厚情结以及对地方政府缺乏信任是农民工不愿意放弃土地的主要原因。

第六,通过对四个典型案例的实证分析,我们更清晰地理解农民工决策行为的逻辑。追求较高收益是农民工弃耕进城务工的主要动力,尽管部分农民工定居城镇愿意强烈,但是城镇融入难仍现实地困扰着他们,因此有效解决农民工的城镇融入问题,是激励农民工退出土地承包权的必要前提;而部分农民工不愿意放弃土地承包权,也意味着我们在制度安排方面,要本着"充分尊重农民意愿"的原则,坚守保护农民切身权益的底线,推进土地管理制度的创新,把改革成本降低到最低限度。

本章的实证研究为下文的农民工退地决策行为分析奠定了坚实基础,也为后面构建基于农民决策意愿的农民退出机制提供必不可少的资料支撑。

6 农民土地承包权退出决策行为及其相关影响因素分析

在前面一章,我们实证研究了农民工在城镇的融入现状以及土地承包权退出意愿情况,使我们对农民工城镇融入的制约因素、农民工退地的利益诉求以及不愿意放弃土地承包权的原因有了较深刻的认识。在本章,本书将以农户决策行为理论为依据,以计量经济模型为手段,进一步分析农民退地决策行为及其相关影响因素,为政策路径选择的探讨提供依据。

6.1 基于农户模型的土地承包权退出决策行为理论分析

与农民弃耕撂荒行为一样,农民工退出土地承包经营权也是农民作为市场经济中的理性人(Rational Man)理性决策的必然结果,正如 S. Popkin(1979)认为的,农民是理性的个人或家庭福利的最大化者,总会根据自己的偏好和价值观评估他们行为选择的后果,然后做出能够实现期望效用最大化的选择①。那么,作为理性人的农民工其土地决策行为的驱动因素是什么? 决策过程是如何进行的? 下面,本书从农户经济行为理论出发,对农

---

① S. Popkin, *the Rational Peasant: the Political Economy of Rural Society in Vietnem*, Berkeley: University of California Press, 1979, p. 31.

民工的退地决策行为进行初步的理论探讨。

6.1.1 农户经济行为理论发展回顾

源于对农民"弱势地位"和农业"落后经济"的关注,学术界关于"农民经济行为"的研究经久不衰。学者们从不同的研究视野,利用不同的研究方法,提出了诸多极具价值的"农户经济理论",为改造传统的农业经济,提高农民的生活水平,提供了可供借鉴的理论视角。

对农户经济模型的较早研究见于原苏联农业经济学家恰亚诺夫(Chayanov A. V.)的研究论文,其在农户微观运行的理论中提出单个农户的经济运行规律,即农户家庭内部劳动与资源分配的经济逻辑①。恰亚诺夫认为,农户经济行为组织具有"家庭劳动农场"性质,农户经济行为遵循的是不同于资本主义经济的行为逻辑,不能以资本主义的学说来解释。农民家庭是农民农场经济活动的基础,而家庭经济以劳动的供给与消费的满足为决定因素,当劳动投入增加到主观感受的"劳动辛苦程度"与所增产品的消费满足感达到均衡时,农场的经济活动量便得以规定。农场经济活动中各种均衡关系的实现依赖于土地、劳动与资本这三要素,这些要素的不同组合制约着农场活动的适度规模的实现与偏离。农民农场正是以这种独特性质影响整个国民经济结构,这可以从对经济地租、土地价格、资本利息、农产品市场、劳动供给等几个宏观经济因素的分析中清楚看到②。很显然,恰亚诺夫的农户经济理论是建立在"劳动消费均衡"思想的基础之上,这实际上是以效用最大化标准代替了利润最大化标准。农户模型的引入源于解释农产品价格的提高并未相应显著提高其市场供给这一现象。

与"劳动消费均衡"观点截然不同,美国学者西奥多·舒尔茨(Theodore

---

① [俄]恰亚诺夫著、萧正洪译:《农民经济组织》,中央编译出版社 1996 年版,第 59—60 页。

② 秦晖:《"恰亚诺夫主义":成就与质疑——评 A. B. 恰亚诺夫〈农民经济组织〉》,《马克思主义研究论丛》第 5 辑,中央编译出版社 2006 年版,第 210 页。

William Schultz)在其代表性著作《改造传统农业》指出,传统社会的农民与资本主义社会的农场主,在经济行为上没有本质性差别,都遵循经济学的"利润最大化"原则。舒尔茨认为传统农业是一个经济概念,应该从经济本身对农户经济行为进行分析。他提出了著名的"贫穷而又有效率"假设,通过实证分析表明,在传统的农业经济中,农民对资源做出了最佳运用,他们对资源配置的高效性甚至连"有能力的农场经营者"都不能相比。[①] 舒尔茨最后得出结论:传统生产要素的长期不变导致了传统农业的停滞不前,只有提供给小农可以合理运用的现代生产因素,并对农民进行人力资本的投资才可以改造传统的农业。

赛谬尔·波普金(S. Popkin)在舒尔茨分析模型的基础上,对"农户经济行为"的"理性"范畴进行延伸。在其代表著作《理性的小农》(1979)中,他提出"农民是理性的个人或家庭福利的最大化者"的中心假设,指明"我所指的理性意味着,个人根据他们的偏好和价值观评估他们行为选择的后果,然后做出他认为能够最大化他的期望效用的选择"。在"经济理性"和"期望效用最大化"假设的基础上,波普金建立了一个用"公共选择理论"揭示农民社会和农民行为的解释模式。[②]

与恰亚诺夫的"家庭劳动农场"和舒尔茨的"利润最大化"假说不同,美国学者黄宗智(Huang Philip C. C)采取了折中的方法,运用不同的理论视角对不同阶层的农户经济进行具体分析,提出了"过密化"理论。"过密化"即Involution,原译作"内卷化",后来改译为"过密化",是克利福德·吉尔茨(Clifford Geertz)在其著作中对爪哇稻作农业中由于劳动力过量投入导致的边际报酬递减现象的称谓。[③] 黄宗智认为,小农经济过密化源于人口和可

---

① [美]西奥多·W.舒尔茨著、梁小民译:《改造传统农业》,商务印书馆1999年版,第29—34页。

② 郑杭生、汪雁:《农户经济理论再议》,《学海研究》2005年第3期。

③ Clifford Geertz, *Agricultural Involution: the Processes of Ecological Change in Indonesia*, University of California Press, 1963, p. 80.

获得资源间的失衡,人口的增长造成了过剩劳动力数量的增加,在高度生存压力下必然导致过密化的产生,因此,过密化是人口压力下维持生计的策略,虽然有总产量的增加,却不能带来劳动生产率的提高。[①]　最后,黄宗智指出,20 世纪 80 年代以前中国乡村经济的停滞主要是由于"过密化"的结果,中国乡村的发展应该走"工业化"的"反过密化"的道路。黄宗智"过密化"理论解释数百年来中国农村经济的变迁,在国内外学术界引起极大的反响和广泛的争论。

风险厌恶理论是一种新型的农户经济理论。风险厌恶(Risk Aversion)是一个人在承受风险情况下其偏好的特征,它是用来测量人们为降低所面临的风险而进行支付的意愿。在降低风险的成本与收益的权衡过程中,厌恶风险的人们在相同的成本下更倾向于做出低风险的选择。与前面介绍的农户理论不同,风险厌恶理论是学者们运用"风险"与"不确定"条件下的"决策理论",对农户经济行为进行研究的一种经济学视角,它并非一种系统的、独立的农户经济行为理论。[②]　该理论也假定农户决策的逻辑是追求目标最优化,所不同的是,它引进了"风险"和"不确定"两个概念。风险厌恶理论认为,农户是风险厌恶者,农户的风险厌恶阻碍了新技术的扩散和应用,农户的风险厌恶随着收入和财富的增长而下降。风险厌恶理论的优点在于考虑了"风险"与"不确定"因素,使得传统的"效用最大化理论"更为客观,更贴近于现实;但也存在局限性,即其所限定的风险范围主要表现为"市场风险",尤其是"价格风险",而忽视了非市场风险,如"政策风险"、"就业风险"等等,从而影响了对农户经济行为的解释力。

除了上述几种农户模型外,一些具有重要理论与现实意义的农户经济行为论著也引起学术界的关注,如巴纳姆和斯奎尔(H. N. Barnum & L. Squire)的《农场户模型:理论和实证》(1979)、娄(A. Low)的《在南部非洲

---

① 黄宗智:《长江三角洲小农家庭与乡村发展》,中华书局 2000 年版,第 10—11 页。
② 郑杭生、汪雁:《农户经济理论再议》,《学海研究》2005 年第 3 期。

的农业发展:家庭经济和粮食危机》(1986)、詹姆斯·C.斯科特(James C. Scott)的《农民的道义经济学东南亚的反判与生存》(2001)等等。

随着对农户经济理论的研究的不断深入,它不仅被用来研究农户的微观经济行为,也用来分析农业政策等宏观因素,其理论与实践意义是不言而喻的。总体而言,农户经济行为理论是一个不断发展与完善的过程,恰亚诺夫的"劳动消费均衡理论"和舒尔茨的"利润最大化理论"是两大基本理论传统,"风险厌恶理论"以及"过密论"则是从不同的角度拓展了农户经济理论的研究视野。

6.1.2 国内关于农民经济行为研究现状

随着我国农村市场经济体制改革的深化,国内学术界关于农户行为的研究也取得重大成果。近年来,我国学者对农户行为的研究主要有:张林秀(1996)运用规划模型方法分析了中国张家港和兴化两地农民在不同政策环境下的生产行为以及农户行为对国家政策执行效果的影响,模拟分析得出的结论是:政府对农产品生产的限制不利于农民增加收入,也不符合比较利益原则;张广胜(1999)对市场经济条件下的农户经济行为进行研究,也给出了利用农户模型分析农户行为的框架;刘承芳等(1999)和朱信凯、杨顺江(2000)等人对农户投资,消费和储蓄行为进行理论剖析和实证研究;有些学者把研究视野转向农村贫困人口,如郑宝华(1997),傅晨、狄瑞珍(2000)等人研究了贫困农户行为,认为自然风险、不确定性以及政府的政策会影响着贫困农户的行为;而都阳(1999,2001)利用1997年对中西部六省的农户抽样调查资料,对贫困地区农户的劳动经营行为模式进行了实证性研究;AlbertPark 和任常青(2001)建立了自给自足和风险状态下的农户生产决策模型,并且利用陕西省县级数据(1984—1991年),运用多重不相关回归法估计了风险条件下的玉米和小麦的生产决策模型,通过实证发现消费考虑在生产决策分析中具有重要的作用;蔡基宏(2005)对农地规模与兼业程度对土地产出率影响进行研究,运用农户模型,推导出在一定市场条件下,两种因素都与土地产出率存在一种反向关系。王志刚、李圣军、宋敏(2005)利用西南地区的数据实证分析了农业收入风险对农户生产经营的影响;刘克春(2007)基于农户追求多元目标的"社会人"假设,运用 Ajzen 的计划行为理论相关概念,系统地构建了农户农地流转决策行为理论模型,通过实证分析发现了农户农地流转决策行为的内在形成机制;王春超(2009)采用动态面板数据多元离散选择模型对农户的动态就业决策行为选择以及各种因素的影响进行计量分析。

以上所罗列的仅是众多研究成果中的一部分,由于篇幅所限,本书不再赘述。总体而言,国内学术界对农户经济行为进行广泛而又深入的分析,相关研究范围已涉及非常广泛的领域,几乎囊括了农户经济生活的各个方面,这些研究成果为我们了解农民行为,理解农民的决策行为逻辑提供了宝贵的理论依据和可资借鉴的研究思路。

6.1.3 农民工土地承包权退出决策行为分析

中国市场经济体制改革是以农村的家庭承包经营为开端,确定了农户在农业生产经营中的主体地位。经过 30 多年的制度变迁和市场经济的发展,农民参与市场竞争的热情空间高涨,面对经济风险能够作出理性的判断,经济决策的能力也在不断提高。部分农民弃耕经商或进入城市打工,也是出于理性收益预期而作出的决策。进城农民将全部精力投入非农工作,他们面对的问题首先是老家土地处置问题。从前面的调查数据分析来看,农民工的承包地除了由自己或亲属耕作以及被全部征用外,大部分是处于亲友无偿耕种、有偿流转和撂荒状态。如果说,需要农民工在是否保留土地承包权作出抉择,他们也会根据收益预期和未来风险作出理性的决策,这一决策的过程可以用风险厌恶理论进行分析。

一般地,农民工的经济行为是风险厌恶的,设其效用函数为 $u(Y)$,Y 为农民工收入,基于风险厌恶假定,$u(Y)$ 为单调递增函数,则 $du(Y)/dY > 0$,而 $du^2(Y)/dY^2 < 0$。在此假设下,农民工效用函数是一条从原点出发向

右上方倾斜的曲线,且凹向横轴(见图6-1)。

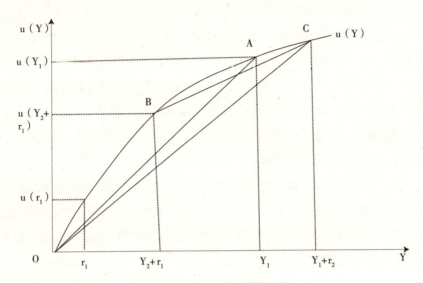

图6-1 农民工效用函数曲线

设农民工进城获取非农就业岗位的概率为 p,则丧失该就业岗位的概率为(1—p),若农民工将全部的精力投入非农产业,将获得非农收入 Y_1;若农民工回乡经营农业,将获得农业收入 Y_2;又设农民获得政府粮食直补收入 r_1,农民工若将土地使用权流转,可获得土地流转收入 r_2。

那么,在农民将全部精力投入农田耕作后,他的期望效用函数为:

$$E_{u农} = u(Y_2 + r_1) \tag{6.1}$$

而在农民工保留土地承包权后进入城市打工,他的期望效用函数为:

$$E_{u留} = pu(Y_1 + r_2) + (1-p)u(Y_2) + u(r_1) ① \tag{6.2}$$

如果在不予补偿的情况下,农民工放弃土地承包权进城就业,则他的期望效用函数为:

$$E_{u弃} = pu(Y_1) \tag{6.3}$$

首先,在保留土地承包权前提下,农民做出是否进城打工的决策取决于

———————————
① 在实际操作中,大部分地方按照承包土地面积对原承包人发放种地补贴。

农民获得非农收入与固守农田耕作获得农业收入的对比,在目前城乡收入差距悬殊的情况下,不管农民工获取非农就业岗位概率的大小,$E_{u留}$一般都大于$E_{u农}$。换句话说,非农业与农业的预期收益差距是农民进城务工决策的关键变量。这也很好印证了一个事实,农村老龄化与空心化现象蔓延的背后原因,在于农民权衡预期收益后作出的进城务工的理性决策,无论如何,农村青壮年劳动力总倾向于进城寻找工作。

但是,如果(6.2)中只对固守农田耕作的农户进行补贴,而不是按照承包地面积直补,那么,进城务工农民的期望效用函数变为:

$$E_{u留}' = pu(Y_1+r_2) + (1-p)u(Y_2+r_1) \qquad (6.4)$$

当 P 既定时,该效用值的大小由图 6-1 中 BC 线上某点来表示。此时,如果增加粮食直补 r_1,会加大农民弃耕的机会成本,从而有助于激励农民作出耕作的决策。

其次,我们再对比(6.2)与(6.3)的大小,显然,在不予补偿的情况下(6.3)式中效用函数值总小于(6.2)式中的效用函数值,即 $E_{u弃} < E_{u留}$。(6.3)式的函数值位于图 6-1 中 OA 线上的某点。当 P 较小时(6.3)甚至低于(6.1)式的值,而在保留土地承包权情况下,农民工不仅可以获得土地流转租金和粮食直补,在丧失非农就业岗位时还可以重新经营农业获得农业收入。

在只对固守农田耕作的农户进行补贴的情况下,我们也可以对比(6.3)与(6.4)的大小,从图 6-1 来看,对于既定的 P,在 BC 线上总可以找到相应的点代表的效用大于 OA 线上相应的点代表的效用。即 $E_{u留}' > E_{u弃}$,此时理性的农民工也不可能会放弃土地承包权。

因此,在假设获取较高收入是农民决策的唯一风险偏好的情况下,农民工不可能会无条件地退出土地承包权的。当然,农民工进城除了获得收入效用外,也会由于满足城市生活带来的非收入效用,比如,城市里完善的社会福利、方便的生活设施、良好的教育环境、作为城市市民优越感等所带来的满足。但是,如果农民工仍然保留农民的身份属性,在城市处于"被边缘化"状态,总体而言,非收入效用很低,甚至是负的,本文在前面已对农民工融入城镇社会的困境做了实证分析,"住房问题不好解决"、"工作不稳定"、"社会关系少,办事艰难"、"孩子入学麻烦太多"、"工做压力大"等非收入因素降低了农民工进城所带来的效用水平。因此,我们可以假定(6.2)中情形仅考虑追求较高的收入效用是农民进城务工的唯一风险偏好。

如果给予农民退地补偿,解决农民工在城里生活难题,这时不妨假设,补偿因素给农民工带来的效用为 u(M)[1],则在给予补偿的情况下,农民工放弃土地承包权进城就业带来期望总效用函数:

$$E_{u弃}' = pu(Y_1) + u(M) \tag{6.5}$$

同时,也考虑到农民工丧失土地承包权后带来的负的非收入效用,比如,担心失去生活保障等等,假设用 u(N),则农民工放弃土地承包权(给予补偿)后的期望总效用函数是:

$$E_{u弃}' = pu(Y_1) + u(M) - u(N) \tag{6.6}$$

那么,在给予补偿的情况下,农民工是否愿意放弃土地承包权取决于 $E_{u弃}'$ 与 $E_{u留}$ 大小对比。

因此,只有通过提高 u(M)、降低 u(N),才可以使 $E_{u弃}' > E_{u留}$,从而激励农民工退出土地承包权。而提高 u(M)、降低 u(N)实质上也是农民土地承包权退出的激励补偿机制中的主要内容。

从前面的分析可以得出结论:农民工的经济行为是风险厌恶的,他们是否退出土地承包权,是他们基于预期效用和未来风险做出理性的决策。在农民工遭受城市经济、政治、文化、社会保障、教育和空间等多个方面的社会排斥情况下,他们不可能会放弃土地承包权的。只有通过建立一种退出激励补偿机制,才可以提高农民工退出土地承包权的意愿。

---

[1] 包括货币补偿与住房、保障等方面的补偿带来的效用。

6.2 农民土地承包权退出决策的相关影响因素分析

前面,我们从风险厌恶的角度对农民工土地承包权退出的决策动机与决策态度进行分析,说明了只有在补偿的前提下,农民工才有退地的意愿。但是,在我们的问卷调查中显示,即使有补偿,也有相当多的农民工不愿意退出土地承包权。那么,为什么在相同的宏观背景下,不同的人会做出不同的决策呢?根据行为科学理论,行为是由动机产生的,动机又是由需要产生的,而需要又是个性和环境交互作用的产物。显然,农民工做出退地决策是他们内在因素与外部因素交互作用的结果。基于此,本书认为有必要进一步分析农民工愿意退地的相关影响因素。在本节,我们将利用数量模型对农民工退出土地承包权决策的相关影响因素进行实证分析。

6.2.1 研究假设与变量

基于已有研究文献的总结和农民工经济决策行为的实际情况,笔者认为,农民退出土地承包权的决策行为是内在因素与外部因素交互作用的结果。针对农民工退地意愿影响因素的研究,国内外尚无相关文献可供参考或借鉴。本文选取可操作性强的客观因素,尽量回避主观性较强的影响因素,并结合农民工生产决策的实际情况,将影响因素分成两大类型,基本理论假设如下:

6.2.1.1 农民工内在因素对其退地意愿有影响

农民的内在因素是指农户所具有的一些个性特征,主要包括个人条件和家庭条件两个方面,笔者在此选取了 12 个变量来体现农民工的内在因素,分别是性别、年龄、婚姻、教育年限、知识技能、打工年限、城镇定居意愿、个人年总收入、家庭总人口、家庭非农劳动力占总劳动力比例、家庭主要收入来源、人均耕地面积等。内在因素对退地意愿的影响假设如下:

第一,农民工个人条件:

①性别。一般而言,女性就业能力比男性弱,需要更多的保障,因而退地的意愿可能较弱;②年龄。年龄大的农民工土地情结较为浓厚,愿意退地的概率较低;③婚姻。有家庭负担的农民工更珍惜土地的保障功能,但如果其就业能力强,且定居城镇意愿强烈,也可能愿意有条件地退出承包地,因此,婚姻因素对农民工退地决策影响指向不明;④教育年限。一般地,农民工受教育程度越高,非农就业能力也越强,因而愿意退地的可能性较大。但在另一方面,学历较高的农民工,信息获取能力较强,同时土地权益意识强烈,在退地补偿机制缺失,且土地价值越来越趋于上升的背景下,他们也可能更倾向于保留土地承包权,因而教育年限对农民工退地决策影响指向不明;⑤技能状况。有一技之长的农民工非农就业能力较强,愿意放弃土地的概率也越高;⑥打工年限。进城打工时间越长,对土地的依赖性也越弱,退地的可能性也越大;⑦城镇定居意愿。定居城镇意愿越高,越愿意退出土地承包权;⑧个人年总收入。个人年总收入高,说明个人就业能力强,对土地依赖性低,因而退地的可能性较大。

第二,农民工家庭条件:

①家庭总人口。一般认为,家庭规模越大,经济负担越重,越可能珍惜拥有的土地承包权;②家庭非农劳动力占总劳动力比例。非农劳动力比例越高,说明该家庭对农地的依赖程度越低,愿意退地的可能性也越大;③家庭主要收入来源。家庭主要收入来源于农业的比例越高,对土地依赖性就越高,退地意愿就越低;④人均耕地面积。一般地,家庭人均承包耕地面积大,从土地获得的农业经营性收入或土地流转收入就越高,愿意退地的可能性就越小。

6.2.1.2　农民工的外部环境因素对其退地意愿有影响

本文选取了4个变量来体现影响农民工退地意愿的外部因素:地区经济状况、距最近城镇的距离、农田灌溉条件、农地流转是否顺畅等。其中,地区经济状况主要根据农民工老家所在地经济发展水平来衡量,本书简单地将来自沿海发达地区设定为较发达地区样本,而其他地区为欠发达地区样本。一般而言,地区经济越发达,地理位置越好,农田灌溉条件越好,土地流转越顺畅,农民工愿意放弃土地的可能性就越小,因而退地的概率就越低。

6.2.2 数据来源与描述性统计

上述变量的数据来源于前一章所论述的调查问卷。样本总数402(扣掉土地已经被征用的23个样本)中,男性252人,占62.7%,女性148人,占37.3%。来自本省沿海地区的样本63人,占15.7%,其余的来自于省外(主要是四川、江西、重庆、湖南、贵州等省市)和本省山区农村的样本。样本农民工退出土地承包权决策的影响因素各变量的描述性统计,见表6-1。

表6-1 农民工土地承包权退出意愿影响因素变量的
描述性统计(样本总数=402)

变量	变量值及其分布情况	预期方向
性别	1=男(62.7%);0=女(37.3%)	+
年龄	连续变量(岁),均值=34.61	−
婚姻	1=已婚(69.2%);0=未婚(30.8%)	+/−
受教育年限	连续变量(年),均值=8.02	+/−
有无技能	1=有(45.7%);0=无(54.3%)	+
打工年限	连续变量(年),均值=12.78	+
城镇定居意愿	1=愿意(68.2%);0=不愿意(31.8%)	+
个人年总收入	连续变量(元),均值=40652.98	+
家庭总人口	连续变量(口),均值=4.11	−
家庭非农劳动人口比例	连续变量,均值=0.70	+
家庭主要收入来源	1=农业(1.2%);2=以农为主兼业(17.5%);3=以非农为主兼业(36.8%);4=非农业(44.5%)	−
人均耕地面积	连续变量(亩),均值=0.99	−

125

变量	变量值及其分布情况	预期方向
地区经济状况①	1=沿海发达地区(18.9%);0=欠发达地区(81.1%)	-
村距最近县城距离	连续变量(千米),均值=20.81+	
农田灌溉条件	1=好或很好(50.7%);2=一般(18.2%);3=差或很差(31.1%)	-
农地流转情况	1=容易或很容易(45.1%);2=一般(11.9%);3=难或很难(43.0%)	-

6.2.3 模型的选择

在研究农户决策行为时,通常假定农户追求的是效用最大化。我们可以用下面的函数来设定农民工退地的决策模型:

$$D = IF(E_{u弃}' > E_{u留}) \tag{6.7}$$

其中,D 为农户退地行为函数,IF 为判断函数。在前面,我们已知 $E_{u弃}'$ 是指农民工退出土地承包权后的期望效用,$E_{u留}$ 是指农民工保留土地承包权进城务工所获得的期望效用。如果 $E_{u弃}' > E_{u留}$,表示农民工将作出退地决策,否则,农民工会保留土地承包权。根据前面的理论假说,农民工决策行为是风险厌恶的,他们总会根据收益预期和未来风险做出理性的决策,而这个决策的态度与过程取决于农民工自身的内在因素和所处的外部环境,因此上面决策函数可以转化为:

$$D = IF(E_{u弃}' > E_{u留}) = f\{g(i), h(o)\} \tag{6.8}$$

其中,g(i)是影响农民工退地决策的自身内部因素,h(o)是影响农民工退地决策的外部环境因素。由此可见,农民工退地决策行为是农民工内在因素与外部因素交互作用的结果。基于前面的研究假设,本文建立影响农民工退地决策的经济计量模型:

---

① 地区经济状况主要根据农民工老家所在地的经济发展水平来衡量,本文简单地将来自沿海发达地区设定为较发达地区样本,而其他地区为欠发达地区样本。

$$y = f(X_i, i = 1, 2, \cdots, n) \tag{6.9}$$

其中,y 为农民工作出退出土地的决策情况,$X_i(i = 1, 2, \cdots, n)$ 为影响农民工决策的主要因素。

由于农民工土地承包权退出决策行为是一个二向性(Dichotomy)问题,计量经济学中常将这类问题设置为 1 或 0 的虚拟变量(Dummy Variable),并运用 Logistic 模型来处理这类问题。以下将 Logistic 模型应用于调查的数据,以分析农民工退出土地决策行为的相关影响因素。令 y = 1 表示农民工愿意退出土地承包权(在本文,都是在有补偿的前提条件下愿意退出),y = 0 表示农民工不愿意退出土地承包权。

二分类 Logistic 回归方程为:

$$\text{logit}(p) = \ln\left[\frac{p}{1-p}\right] = \beta_0 + \beta_1\beta X_1 + \beta_2 X_2 + \cdots\cdots + \beta_n X_n \tag{6.10}$$

式中,$\ln\left[\frac{p}{1-p}\right]$ 为农户农地撂荒行为发生比率的自然绝对数值;P 代表农民工愿意退出土地的概率;$X_i(i = 1, 2, \cdots, n)$ 为解释变量,也就是主要的影响因素;β_0 为常数项,$\beta_i(i = 1, 2, \cdots, n)$ 为待估计系数。

6.2.4 变量的定义

根据农民工土地承包权退出决策行为的影响因素各变量的描述性统计,本文中被解释变量为农民工是否愿意退出土地承包权,解释变量分为农民工自身内部因素和外部环境因素两个方面。变量具体定义见表6-2。

表6-2 变量定义

变量名称(符号)	变量定义
农民工是否退出土地承包权(y)	愿意=1;不愿意=0
性别(X_1)	男=1;女=0
年龄(X_2)	岁
婚姻(X_3)	有配偶=1;无配偶=0

变量名称(符号)	变量定义
受教育年限(X_4)	年
有无技能(X_5)	有 = 1;无 = 0
打工年限(X_6)	年
城镇定居意愿(X_7)	愿意 = 1;不愿意 = 0
个人年总收入(X_8)	元
家庭总人口(X_9)	口
家庭非农劳动人口比例(X_{10})	数值
家庭主要收入来源(X_{11})	农业 = 1;其他 = 0
家庭主要收入来源(X_{12})	以农为主兼业 = 1;其他 = 0
家庭主要收入来源(X_{13})	以非农为主兼业 = 1;其他 = 0
家庭主要收入来源(X_{14})	非农业 = 1;其他 = 0
人均耕地面积(X_{15})	亩
地区经济状况(X_{16})	沿海发达地区 = 1;欠发达地区 = 0
村距最近县城距离(X_{17})	千米
农田灌溉条件(X_{18})	好或很好 = 1;其他 = 0
农田灌溉条件(X_{19})	一般 = 1;其他 = 0
农田灌溉条件(X_{20})	差或很差 = 1;其他 = 0
农地流转情况(X_{21})	容易或很容易 = 1;其他 = 0
农地流转情况(X_{22})	一般 = 1;其他 = 0
农地流转情况(X_{23})	难或很难 = 1;其他 = 0

6.2.5 实证分析

本文借助 SPSS16 - 0 统计分析软件来实现模型计算。基于假定所有变量对农民工退地意愿具有显著的影响,本文首先采用强制进入模型方法(Enter),得到回归模型结果见表 6 - 3。表中 B、S. E. 、Wald、df、Sig. 、Exp

（B）分别代表回归系数、标准误差、Wald 统计量、自由度、回归系数估计的显著性水平、发生比率。

表 6－3　模型参数估计结果（Method＝Enter）

Variables	B	S. E.	Wald	df	Sig.	Exp(B)
X_1	−2. 022	1. 023	3. 906	1	0. 048	0. 132
X_2	0. 113	0. 115	0. 968	1	0. 325	1. 120
X_3	−1. 284	1. 652	0. 604	1	0. 437	0. 277
X_4	0. 482	0. 293	2. 709	1	0. 100	1. 619
X_5	−0. 619	1. 084	0. 326	1	0. 568	0. 539
X_6	0. 109	0. 162	0. 453	1	0. 501	1. 115
X_7	2. 445	1. 255	3. 794	1	0. 051	11. 527
X_8	0. 000	0. 000	0. 679	1	0. 410	1. 000
X_9	0. 308	0. 569	0. 294	1	0. 588	1. 361
X_{10}	−0. 600	4. 471	0. 018	1	0. 893	0. 549
X_{11}	−15. 111	17472. 058	0. 000	1	0. 999	0. 000
X_{12}	0. 125	3. 234	0. 001	1	0. 969	1. 133
X_{13}	0. 018	2. 484	0. 000	1	0. 994	1. 018
X_{15}	−7. 556	2. 979	6. 433	1	0. 011	0. 001
X_{16}	−4. 207	1. 869	5. 067	1	0. 024	0. 015
X_{17}	0. 222	0. 071	9. 654	1	0. 002	1. 248
X_{18}	−3. 929	1. 641	5. 731	1	0. 017	0. 020
X_{19}	−2. 262	1. 818	1. 548	1	0. 213	0. 104
X_{21}	−4. 150	1. 208	11. 800	1	0. 001	0. 016
X_{22}	−2. 291	1. 388	2. 723	1	0. 099	0. 101
Constant	−2. 090	6. 883	0. 092	1	0. 761	0. 124

模型通过了 1% 的显著性检验，其中，−2 Log likelihood＝51. 178；Cox &

Snell R Square = 0. 714；Nagelkerke R Square = 0. 954，回归模型的拟合度较好，模型预测的准确率为 95. 4%。从估计结果来看，性别（X_1）、人均耕地（X_{15}）、地区经济状况（X_{16}）、距离最近县城距离（X_{17}）、农田灌溉条件（X_{18}）、农地流转情况（X_{21}）在 0. 05 水平上对农民工退地意愿产生显著的影响，而受教育年限（X_4）、定居城镇意愿（X_7）、农地流转情况（X_{22}）在 0. 1 水平上产生显著性影响。

为了更好地拟合模型，避免变量之间的共线性造成模型的偏差，使模型结果更加严谨，使结论更加准确，本文再次以最大局部似然为基础作似然比检验，向后逐步选择自变量，即运用向后逐步剔除法（Likelihood Ratio）对模型参数进行估计，剔除模型变量的标准是 0. 10，变量进入模型的标准是 0. 05。逐步回归经过 11 次迭代之后，得到模型参数估计结果见表6-4。

表6-4　模型参数估计结果（Method＝Likelihood Ratio）

Explanatory Variables	B	S. E.	Wald	df	Sig.	Exp(B)
性别（X_1）	−1. 608	0. 844	3. 627	1	0. 057	0. 200
年龄（X_2）	0. 113	0. 064	3. 052	1	0. 081	1. 119
受教育年限（X_4）	0. 405	0. 250	2. 630	1	0. 105	1. 500
城镇定居意愿（X_7）	2. 413	1. 051	5. 267	1	0. 022	11. 168
人均耕地面积（X_{15}）	−7. 303	2. 423	9. 087	1	0. 003	0. 001
地区经济状况（X_{16}）	−4. 089	1. 521	7. 231	1	0. 007	0. 017
村距最近县城距离（X_{17}）	0. 197	0. 050	15. 551	1	0. 000	1. 218
农田灌溉条件（X_{18}）	−2. 241	0. 906	6. 115	1	0. 013	0. 106
农地流转情况（X_{21}）	−4. 358	1. 119	15. 161	1	0. 000	0. 013
农地流转情况（X_{22}）	−2. 727	1. 167	5. 460	1	0. 019	0. 065
常数项 Constant	0. 601	3. 964	0. 023	1	0. 880	1. 824

模型通过了 1% 的显著性检验,其中,-2 Log likelihood = 55.782;Cox & Snell R Square = 0.711;Nagelkerke R Square = 0.950,回归模型的拟合度较好,模型预测的准确率为 96.5%。回归模型拟合优度也可以从 HL (Homsmer-Lemeshow)指标反映出来,该指标用于 Logistic 回归模型拟合优度的检验。当 HL 指标统计显著时,表示模型拟合不好;相反,当 HL 指标统计不显著时,表示模型拟合较好(卢纹岱,2006)。从估计结果来看,经过 11 次迭代后 HL = 8.883,P = 0.352,统计检验不显著,说明模型具有较好的拟合效果。该模型检验结果与强制进入方法(Enter)大致相当,说明可以建立回归方程。下面,我们将以向后逐步剔除法(Likelihood Ratio)得出的数据作为进一步分析的依据。

从表 6-4 可以看出,只有城镇定居意愿(X_7)、人均耕地面积(X_{15})、地区经济状况(X_{16})、村距最近县城距离(X_{17})、农田灌溉条件(X_{18})、农地流转情况(X_{21})、农地流转情况(X_{22})在 0.05 水平上显著影响农民工的退地意愿。而性别(X_1)、年龄(X_2)与受教育年限(X_4)在 0.10 水平上较显著地影响农民工的退地意愿。

由表 6-4 估计的参数可以得到 Binary Logistic 的模型为:

$$\ln \frac{P}{1-P} = 0.601 - 1.608X_1 + 0.113X_2 + 0.405X_4 + 2.413X_7 - 7.303X_{15}$$
$$-4.089X_{16} + 0.197X_{17} - 2.241X_{18} - 4.358X_{21} - 2.727X_{22}$$

上式进一步转化为农户耕地撂荒概率的模型方程:

$$P = \frac{e^{0.601-1.608X_1+0.113X_2+0.405X_4+2.413X_7-7.303X_{15}-4.089X_{16}+0.197X_{17}-2.241X_{18}-4.358X_{21}-2.727X_{22}}}{1+e^{0.601-1.608X_1+0.113X_2+0.405X_4+2.413X_7-7.303X_{15}-4.089X_{16}+0.197X_{17}-2.241X_{18}-4.358X_{21}-2.727X_{22}}}$$

$$(6.11)$$

6.2.6 结果与讨论

由上面实证分析可知,对农民工土地承包权退出意愿产生显著影响的因素分别是性别(X_1)、年龄(X_2)、受教育年限(X_4)、城镇定居意愿(X_7)、人均耕地面积(X_{15})、地区经济状况(X_{16})、村距最近县城距离(X_{17})、农田灌溉条件(X_{18})、农地流转情况(X_{21})、农地流转情况(X_{22})。其中,性别(X_1)、年龄(X_2)、受教育年限(X_4)在0.10水平上较显著地影响农民工的退地意愿,而其他变量则在0.05水平上显著影响农民工的退地意愿。显然,土地承包权退出意愿是农民工受内因与外因交互作用影响下做出一种决策行为。

6.2.6.1 性别较显著地影响农民工退地的决策

由表6-4可知,性别在0.10水平上统计显著,且系数为负,说明样本女性更愿意放弃土地,这与本文先验判断相反。可能的原因是女性定居城镇的意愿较强烈。在前面农民工城镇定居意愿的实证研究中,我们通过列联分析得知,性别因素的独立性检验达到0.10的一般显著性水平,且Kendall′s tau-b系数为负,说明女性在城镇定居的意愿比男性更加强烈。但是,由于本次实证女性样本所占的比重仅为37.3%,因此参数估计结果不足以充分证明女性更倾向于放弃土地承包权,即结论并不具有普遍意义。

6.2.6.2 年龄因素对农民工的退地意愿呈现"倒U型"的特征

从参数估计结果来看,年龄的显著度达到0.081,且系数为正,说明在本次调查的样本中,年纪越大,放弃土地的概率也越大,此结论与本文先验判断相反。很明显,这与农民工城镇定居意愿的实证研究结果似乎相矛盾,前面的列联分析得知,年纪越小定居城镇的意愿就越强烈。之所以出现这样的结果可能的解释是,年纪轻的农民工,尤其是30岁以下的新生代农民工尽管农地耕作能力下降,对土地的情结弱化,渴望融入城镇社会,但是由于事业处于起步阶段,收入水平较低,而且这部分农民工获取信息的能力也较强,在涉及承包地时,他们比老一代农民工更加珍惜这份财产,因而退地的意愿并不强烈。但是,在我们实际调查中也发现,50岁以上的农民工"落叶归根"的情结较强烈,他们放弃土地承包权的意愿也较弱,只是这部分农民工样本所占的比重仅有10.8%。从整体分析来看,年龄对退地意愿的影响似乎有这样的规律性:30 岁以下和 50 岁以上的农民工退地意愿相对较弱,而愿意退地的农民工主要集中在 30—50 岁之间,而该年龄段的农民工占了样本总数的最大比重。因此,年龄对农民工退地决策意愿的影响呈现出一种类似于"倒 U 型"的特征。总体而言,年龄对退地意愿影响显著性不高,在利用强制进入方法(Enter)时未能进入模型。

6.2.6.3　受教育年限也是农民工退地决策意愿的一个影响因素

从参数估计结果来看,受教育年限显著度为 0.105,且系数为正。尽管显著性不高,但也说明了在本次调查中,受教育年限较高的农民工样本放弃土地承包权的概率也较大。50 岁以上的老一代农民工放弃土地承包权意愿较弱,且他们的文化程度普遍较低,而愿意放弃土地承包权的农民工文化程度相对较高。当然,这种结论具有局限性。原因在于,本次实证农民工样本的教育年限均值仅为 8.02,亦即绝大部分农民工文化水平是处于初中程度。因此,实证结果并不说明文化程度越高的农民工,越愿意交出土地而转变为"彻彻底底"的城市市民,这一点与中国社科院发布的《2011 年社会蓝皮书》观点相同①。笔者曾经针对农村生源的在校大学生进行问卷调查,发现大部分学生不愿意放弃土地。道理很简单,这些学生知识面较广,信息获取能力较强,同时土地权益意识强烈,在退地补偿机制缺失,且土地价值越来越趋于上升的背景下,他们更不愿意放弃老家的土地承包权。

6.2.6.4　城镇定居意愿对农民工退地决策意愿产生显著的影响

该变量显著度为 0.022,系数为正,说明农民工城镇定居意愿与退地决策意愿呈高度相关,一般地,有退地意愿的基本上都有定居城镇的意愿,而有定居城镇意愿的,除了新生代农民工(29 岁以下)外,产生退地意愿的概率也就高。

———————

①　参见中国社科院 2010 年 12 月 15 日发布的《2011 年社会蓝皮书》。

6.2.6.5 农民工个人条件中的婚姻、技能、打工年限、个人总收入对农民工的退地意愿没有产生显著影响

从参数估计的结果来看,这些个人条件变量均未能进入模型,说明农民工婚姻状态、技能情况、打工年限及个人总收入对其退地意愿不会产生显著影响。

6.2.6.6 农民工家庭条件中除了人均耕地面积变量外,对其退地决策意愿没有产生显著影响

人均耕地面积的显著度为 0.003,且系数为负,说明人均耕地面积对农民工退地决策意愿产生显著的影响,人均耕地越多的农民工越不愿意放弃耕地的承包权。人均耕地多,从土地获得的农业经营性收入或其他财产性收入较高,因而农民工保留土地的意愿也就越高。而家庭总人口、家庭非农劳动人口比例、家庭主要收入来源等变量未能进入模型,说明对农民工退地决策意愿不会产生显著影响。

6.2.6.7 农民工所处的外部条件对其退地决策意愿产生显著的影响

地区经济状况、村距最近县城距离、农田灌溉条件以及当地农地流转情况都达到 0.05 的显著性水平,说明这些外部条件变量对农民工退地决策意愿均产生显著影响。沿海发达地区城镇化水平较高且发展迅速,土地升值的空间大,农民工放弃土地的意愿很低;村落距离县城越近,基础设施一般也越完善,农民的生活条件也相对便利,而且土地的级差地租较高,这些都导致了农民工更加珍惜拥有的土地;农田灌溉条件越好,土地综合生产能力也越高,农民工越倾向于保留耕地;农地流转越顺畅,农民工获取流转租金的机会就越多,在农民工不想放弃这种额外的土地财产性收入的情况下,退地的意愿也就越低。

总体而言,农民工所处的外部条件因素对其退地决策意愿产生显著的影响,而个人条件因素对其退地意愿产生的影响较弱,且影响机理较为复杂。由于变量的量纲不同,为了考察各解释变量对因变量的相对影响程度,我们需要对自变量的回归系数进行标准化,结果如表 6-5 所示。

表 6-5 解释变量标准化系数

解释变量（符号）	回归系数（B）	标准差（Std. Deviation）	标准化系数（βi）
性别（X_1）	-1.608	0.484	-0.779
年龄（X_2）	0.113	8.704	0.980
受教育年限（X_4）	0.405	2.474	1.002
城镇定居意愿（X_7）	2.413	0.466	1.126
人均耕地面积（X_{15}）	-7.303	0.215	-1.570
地区经济状况（X_{16}）	-4.089	0.392	-1.603
村距最近县城距离（X_{17}）	0.197	12.274	2.417
农田灌溉条件（X_{18}）	-2.241	0.501	-1.122
农地流转情况（X_{21}）	-4.358	0.498	-2.171
农地流转情况（X_{22}）	-2.727	0.325	-0.885

从表 6-5 可以看出，标准化回归系数 $|\beta_{17}| > |\beta_{21}| > |\beta_{16}| > |\beta_{15}| > |\beta_7| > |\beta_{18}| > |\beta_4| > |\beta_2| > |\beta_{22}| > |\beta_1|$，因此，对农民工退地意愿产生最大影响的是村距最近县城距离（即农民工老家所处的区位条件）；其次是农地流转情况（容易或很容易）；第三是地区经济发展状况，第四是人均耕地面积；第五是农民工城镇定居意愿；第六是农田灌溉条件（好或很好）；第七是农民工的教育年限；第八农民工年龄；第九是农地流转情况（一般）；最后是农民工的性别。

6.2.7 主要结论与政策含义

从以上分析可以得出结论：土地承包权退出是农民工受内因与外因交互作用影响下做出一种决策行为，其中，内因影响较弱，主要是受农民工定居城镇意愿及人均耕地资源因素所驱动，而农民工所处的外部条件则显著影响着农民工退地的决策意愿。

首先,农民工定居城镇的意愿对其退地决策意愿产生显著的影响。值得注意的是,新生代农民工尽管定居城镇意愿较强,农地耕作能力在不断下降,但是放弃土地的意愿并不高,这种似是矛盾的结论意味着,期望新生代农民工主动放弃土地是不切实际的。必须通过城市公共管理体制的创新,破解农民工城市融入的困境,提高新生代农民工对城市的认同感与归属感。

其次,区位条件、人均耕地的大小以及农田的灌溉条件对农民工退地决策意愿产生显著的影响。地理位置越偏,土地质量越差,基础设施越落后,土地被荒废的可能性就越大,农民工意愿放弃土地的概率也就越高,针对于此,实行退地改革实践的社会成本相对较小,通过土地退出补偿机制的建立,有助于减少耕地撂荒、闲置浪费现象的发生。

最后,对区位条件较好,拥有的土地质量也较好的农民工退地意愿较弱。在无法改变农民工决策意愿和尊重农民土地权益的前提下,除了用于公共利益需要征用外,只能通过加快土地流转,发展农地金融等方法,促进土地资本要素的合理流动,实现土地的集约化与规模化经营。一旦土地的规模化经营成为不可逆转的趋势,用落后的工具和耕作技术进行生产的小农经济将不可避免地要被大农业所排挤,这也是世界农业经济发展的普遍规律。在这种趋势下,众多的农户将逐渐退出农业与农村,走向工业部门与城市部门,最终实现农业现代化与农民市民化,这是客观的历史进程与发展路径。

6.3　本章小结

本章以农户决策行为理论为依据,以计量经济模型为手段,对农民土地承包权退出意愿的相关影响因素进行实证分析。通过本章的研究,我们可以得出如下结论:

第一,农民工的经济行为是风险厌恶的,他们是否退出土地承包权,是他们基于预期效用和未来风险做出理性的决策。只有通过建立一种有效的退出补偿激励机制,提高农民进城的预期效用水平,才可以鼓励进城务工农民退出土地承包权。

第二,追求效用最大化是农民经济决策的根本动力,而预期效用的获取取决于进城务工农民内在因素和外部条件因素。因此,根据行为科学理论,农民退出土地承包权的决策行为是内在因素与外部因素交互作用的结果。

第三,通过 Logistic 模型对农民工退地相关影响因素进行估计,我们发现,对农民工土地承包权退出意愿产生显著影响的因素分别是性别(X_1)、年龄(X_2)、受教育年限(X_4)、城镇定居意愿(X_7)、人均耕地面积(X_{15})、地区经济状况(X_{16})、村距最近县城距离(X_{17})、农田灌溉条件(X_{18})、农地流转情况(X_{21})、农地流转情况(X_{22})。其中,对农民工退地决策意愿产生最大影响的是农民工家乡的区位条件以及当地土地流转状况,影响最弱的是农民工样本的性别因素。总体而言,农民工内在因素对其退地决策意愿影响相对较弱,主要是受人均耕地面积与定居城镇意愿影响;而农民工所处的外部条件因素对其退地决策意愿产生显著的影响。

第四,针对农民工退地意愿的相关影响因素,我们需要进行差别化的制度设计,对于愿意有条件退出的,要建立土地退出补偿机制,促进农地承包权良性退出,割断农民与土地的依附关系;对于不愿意放弃土地的,要建立健全农地流转机制,发展农地金融,促进土地资本要素的合理流动,推进农业规模化与集约化经营。

7 构建农民退出机制的政策路径

在前面两章,我们实证研究了农民工退出土地承包权的意愿及其相关影响因素,为我们探究农民退出机制的构建提供一个新的切入点。在本章,我们从理论上探讨基于尊重农民权益和意愿的农民退出机制的构建路径,力图在政策上能够为农民市民化的推进提出有益的建议。

7.1 构建农民退出机制的总体原则

如何理顺农民与农村土地之间的关系,既把农民从土地上解放出来,又不能损害农民合法的土地权益,这是当前农村土地制度改革最大难点,也是阻碍农民市民化的核心问题之一。农民市民化是个长期的历史进程,在这个过程中,既要让进城务工农民在城镇安居乐业,成为真正的现代市民,又要保障留守农村的农民生存、发展的权利,这是实现城乡协调发展的必然选择,也是本书研究的题中应有之义。

通过前面的理论与实证研究,笔者认为,构建畅通的农民退出机制必须遵循如下原则:

第一,尊重农民意愿的原则。

随着市场经济深入发展,农民市场主体地位也日益得到强化,他们的决策能力与参与市场竞争的能力也得到迅速提高。在这样的背景下,农民的市场主体地位必须得到充分尊重。实践证明,在市场经济条件下,违背农民

138

的意愿,依靠行政的手段强行推进城镇化与农民市民化的进程,不仅损害农民的合法权益,也与市场化改革的价值取向背道而驰。因此,在推进农民市民化与农业现代化的过程中,必须确立农民的市场主体地位,尊重农民的生产决策意愿。而畅通的农民退出机制,必须以农民的意愿为依归:优化城镇化推进机制,提升城镇的综合承载能力,为那些愿意退出农业并有能力在城镇长期就业的农民创造更好的生活和工作条件;而构建农地集约化生产的现代农业,是意愿留守农村、从事农业的农民的根本出路,给那些由于各种原因难以转业或不愿意转业的农民,有选择继续务农并获得稳定收入的机会。

只有充分尊重农民的意愿,才可以构建畅通的农民退出机制;只有尊重农民的决策权利,才可以最大限度地降低农村改革的社会成本。

第二,渐进性的原则。

重庆、成都和嘉兴的退地实践,表明了农村土地制度改革的复杂性和艰巨性,很难一步到位地解决城镇化进程中农村土地问题,只能走渐进性的农民市民化道路。与发达国家和地区不同,我国农村土地具有经济发展与社会保障双重功能。这是二元经济结构下中国农村土地的一个显著特征。让农民退出土地承包权,必须先确保农民的基本生活保障,并能顺利地融入城镇社会。在全社会保障体系还不健全的情况下,如果他们失去了赖以生存的土地,又没有其他谋生手段和门路,就无法维持他们的最低生活水平,这将是社会不稳定的巨大隐患。因此,农村土地制度改革不可能一蹴而就,农民市民化是个长期过程,不能操之过急。

在土地问题无法一步到位、一劳永逸地解决的前提下,我们只能走渐进性的农民市民化道路,以尊重农民意愿为出发点,按照"分类管理、分阶段推进"的渐进性原则,构建符合中国国情的农民退出机制。

第三,激励与示范的原则。

好的一项制度,会起着激励与示范的作用。在前面,我们实证分析农民工不愿意放弃土地的原因,即使政府给予补偿,还有相当部分的农民工不愿退出土地承包权。不退地的理由除了对土地的依赖与情感外,对地方政府的不信任占了一定的比例,"怕吃亏"心理很普遍。由此可以推断,如果政府能切实地维护农民的合法权益,能真心地呼应农民的合理的利益诉求,重拾农民对基层组织的信心,那么,愿意退出土地承包权的比例将会不断上升。

因此,我们必须深入调查研究,了解农民的真实意愿和利益诉求。对于进城后由于各种原因不愿退出土地的,政府不能强迫。如果政府能够设计出一种合理的退地补偿机制,并且农民认为退地更有利于他们今后的工作和生活,那些进城务工农民自然会去效仿。因此,健康的退地补偿机制会起到示范作用,激励着农民做出理性的决策。

第四,统筹兼顾的原则。

基于本书对农民退出机制概念的界定,我们将农民退出与城镇融入内在逻辑联系起来,因而,农民退出机制的构建必须从城乡统筹发展的维度来展开。现实来看,建立农民退出机制是个复杂的系统工程,它并不是简单地农民放弃农地、退出农村走向城镇的问题。它不仅涉及对农民退出农地承包权的激励设计,还涉及农地承包权退出过程中的利益分配以及农民退地后生活出路问题。换句话说,我们必须统筹兼顾到已退出农民与留守农民的生存与发展问题。健全的农民退出机制应该达到双重的目标:确保已退出农民在城镇里有体面的劳动与尊严的生活,能够在城镇"沉淀"下来;同时也确保农地的集约生产,为现代农业的发展和农村留守农民收入水平的提高奠定物质基础。

基于上述的总体原则,本书将从农民退出与城镇融入两个方面,对农民退出机制的政策与路径选择进行探讨。

7.2 建立农村土地承包经营权退出补偿机制

农民退出机制的关键在于"退出"。在户籍制度改革逐渐深入的情况下,土地问题成为农民市民化的主要障碍。因此,农民退出机制的核心内容应该是能够促进土地承包经营权良性退出的利益补偿机制。在本节,我们将着重探讨农民土地承包经营权退出补偿机制的构建思路与实现路径。

7.2.1 基本思路

根据前面的调查分析,有53.7%的农民工愿意退出土地承包权,但是,这只是一种决策意愿,并不说明他们一定会退出,只有在满足一定条件下愿意退出。此外,即使在补偿条件下仍然有46.3%的农民工不愿意退出土地承包权。基于尊重农民决策意愿的原则,我们必须按照"分类管理,有序推进"的方针,按照农民的意愿,把进城务工农民对土地承包经营权的处置方式分为"退出"与"准退出"两种,相应地,我们需要进行两类不同性质的制度设计,即建立"退出"与"准退出"的利益补偿机制。

"退出"就是农民工愿意将土地承包经营权退给集体,彻底地割断与土地的联系,成为真正的城市市民。"退出"是农村土地制度改革的必然方向,尽管农民意愿不高,制度的设计与实施面临诸多困难,但是,我们必须去探索、去尝试,否则,从长远来看,势必影响中国经济与社会的全面健康发展。

"准退出"是指那些愿意退出农村但不愿意放弃农地承包权的农民转让土地经营权(使用权)的一种方式。为了实现农地的集约利用,避免造成土地的闲置与浪费,在尊重他们土地权益的前提下,促进土地流转。

总而言之,促进土地承包经营权良性退出是我们构建畅通的农民退出机制的关键环节。按照当前农民决策意愿的实际与渐进性改革的原则,我们需要进行差别化的制度设计,将农地退出补偿机制细分为农地承包权退出补偿与经营权退出补偿(即农地流转补偿机制)两类机制,基于上述的思路,下文将分类论述这两类机制的构建路径。

7.2.2 建立农地承包权退出补偿机制

正如前文所述,推进农民市民化与城镇化协同发展,加快农业现代化与城乡一体化进程,是中国最终解决"三农"问题的根本途径。目前农民市民化滞后于城镇化发展的根本障碍在于农民对于土地的依附关系。因此,农民的土地承包经营权退出机制问题必然是中国农村土地制度发生变化的重要方向。

当我们探讨农地承包权退出问题时,首先遇到的难题是"补偿的标准是什么"以及"谁来承担补偿费用"。作为微观经济主体,农民工是否退出土地承包权,是他们基于预期效用和未来风险做出理性的决策。在社会保障还不健全,以及城镇融入还是困难重重的情况下,他们不可能会轻易放弃土地承包权的。尤其是在政府强农惠农政策不断加码,附加在农地上经济利益不断增加的背景下,农民更不愿意无偿退出土地承包权,相反,他们会对退出补偿带来的效用增量寄予更大的期望。

7.2.2.1　土地承包权退出补偿标准问题

从前文的农民工土地承包权退出决策行为研究可以看出,只有在农民退地后获得补偿效用足以弥补退地后失去效用,农民工才会考虑做出退地的决策。而补偿效用既包括货币补偿,也包括城镇融入给农民工带来的非收入效用。因此,土地退出补偿标准的制定必须充分考虑到农民作为经济人的"理性预期",如果他们认为,退地给他们带来的效用增量比保留农地带来的效用增量更大,他们就自然会选择退地。

但是,在具体的操作中,因不同的农民其个人条件与家庭条件不尽相同,制定一个合适的补偿标准相当困难。如果制定的补偿标准过低,必然挫伤农民退地的积极性;反之,补偿过高,则加大政府与社会的负担,土地退出的改革实践将难以为继。

对一些地区退地实践的经验总结,有助于我们从中获取有益的启示。目前,许多地方都出台了农村承包土地退出补偿的具体规定(如表7-1所示),如重庆、成都、浙江等地都进行过退地补偿的实践,其中以重庆为典型,在退地实践方面走在全国的前列,当然,也引起社会广泛的争论。从整体的绩效来看,农民满意度并不高。主要存在的问题是,补偿标准偏低,不足以吸引农民退地的积极性。以重庆垫江为例,补偿标准是土地年平均流转价格,且补偿时间按承包的剩余年限计算,这种标准明显存在问题。在种粮边际效益低下,农地流转内在驱动力不强的情况下,依据较低的土地流转价格作为退地补偿的参照是不尽合理的。除外,以承包的剩余年限来计算的方法也值得商榷,对于农民来讲,土地承包期限并妨碍他们拥有土地永久使用权的预期,他们认为,只要不退出土地,国家是不可能剥夺他们的土地经营权的。"现有土地承包关系要保持稳定并长久不变",这是中央文件给予农民庄严的承诺。

表 7 - 1　部分地区农村土地承包权退出补偿标准

地区	补偿标准(措施)
重庆垫江	在户籍改革中,承包土地退出补偿,是对农民承包经营权的补偿,不是征地补偿;补偿的时间,按承包的剩余年限计算,承包的剩余年限,是指签订退出协议后还剩余的农村土地二轮承包年限(二轮承包合同期即1998年7月1日——2028年6月30日);补偿价值按照年平均流转收益计算,关于年平均流转收益,参照县内同类承包地的当前平均流转市场价格(租金)
重庆南川	中部城镇经济带3街2镇按照300—600/年·亩标准计算;北部生态农业园区20个乡镇按照250—500/年·亩标准计算;南部特色旅游区9个乡镇按照100—400/年·亩标准计算。具体标准由各乡镇(街道)在上述幅度内自行制定
成都温江	在特定区域与特定人口(在城区规划的优先发展区、城市的基础设施建设即将延伸的区域等且年人均纯收入达到5000元以上,其中80%以上来自非农产业的农户)实行"双放弃"政策,即放弃宅基地使用权和土地承包经营权,退地的农民不但拥有城区70平方米的新房子,而且养老、医疗等保障也从无到有,每人每月还可以领取到280元的养老金
陕西韩城 安徽铜陵	农村居民进城落户退出承包地补偿标准依据农户实际退出的土地面积,按照收回当年的农村土地流转费用加农业直补的平均值以10年计算,主要用于农村居民在城镇落户后医疗、养老保险等费用补贴。以10年计算,该市2010年至2011年进城落户农民退出承包地补偿标准依次为:水浇地每亩4080元、川塬旱地每亩3580元、山地每亩2580元。此后每年标准由市农业局核准当年土地流转费用平均值后公示执行 对自愿退出承包地、林地的,补偿标准按本轮承包期内剩余年限和年平均流转收益(含各级惠农补贴)确定,其具体办法和补偿标准由县、区人民政府根据实际情况制定。家庭部分成员迁移到城镇居住的,其家庭的承包地、林地可继续保留,并保留其在以后整户退出时获得承包地、林地的相应补偿或收益的权利。待整户退出承包地、林地时按整户退出时的标准补偿

资料来源:根据各地政府部门相关文件资料整理而成。

其他地方的退地补偿标准也存在相类似的问题。在前文,我们已经得出结论:如果把农民土地退出与城镇融入问题结合起来,充分考虑到农民工土地退出后的出路问题,将会大幅提高农民工退地的意愿。而从实证分析来看,住房、工作、福利保障以及户口等都是农民工比较关心的问题,也是农民工愿意退地的主要前提条件。因此,我们认为,合理的补偿不仅是补偿农民眼前的利益,更重要的是要补偿他未来的生活保障。换句话说,合理的补偿必须建构在农民未来出路得到充分保障的前提之上。

因此,对农民退地补偿必须充分考虑到农民失地后的生存与发展问题,能够保证农民顺利地融入城镇社会,这应该是制定退地补偿的基本尺度。

重庆、浙江的退地实践为我们积累了宝贵的经验,我们可以在借鉴他们实践经验的基础上进一步完善。从技术层面而言,承包地退出比宅基地退地更具有可操作性。宅基地,尤其是老宅基地,往往涉及多户人家利益问题,很难做到意见一致。再则,多数农民工不想放弃宅基地。笔者在实地调查中也了解到,有些农民工愿意有条件退出承包地,但是涉及宅基地时,就断然拒绝。来自江西的老王这样告诉笔者:"不种地可以啊!但是,我还想等退休后回老家住。再说,老家还有许多亲戚朋友,老家没有房子,我们还怎么来往呢?"

可以理解,大部分农民即使愿意定居城镇,也不想完全割断与家乡的联系,这是亲情与乡情的使然。所以,我们在制定政策时候,要充分考虑到这一点。现实来看,浙江嘉兴的"两分两换"思路值得肯定。但是,需要进一步改进与完善,要提高补偿标准,强化农民对未来生活的信心。

具体的补偿办法是,根据农民工退出承包地与宅基地情况划定两个不同的标准线。

第一条标准线是针对承包地退出而制定的基本标准线,保障退地农民基本的生活需求。其中,农户家庭中超过法定劳动年龄的人口和未达到法定劳动年龄的未成年子女,按照当地城镇居民最低生活保障线标准,逐年发放补贴;对于劳动适龄人口,按照当地城镇在岗职工标准,依据工作年限

（包括务农与务工时间），以一定比例折算为一定数额的养老金计入城镇职工养老保险序列，如果不愿意接受上述方式的，或者已经参加城镇职工养老保险的，可以根据耕地的面积与质量，以现金的方式予以补偿，成为他们在城镇工作的生活补贴。补偿的标准不应以土地流转收益来计算，应该根据土地未来预期收益的折现来衡量。此外，对于已经退地的所有农民都应享受当地城镇居民基本医疗保障的同等待遇。

第二条是针对宅基地退出而制定的基本标准线。愿意退出宅基地的，如果是就近转业的农民工，可以探索以宅基地置换城镇住房的方式进行补偿；如果是跨区域异地转业的，可以按照本地城镇房屋租金的平均水平，逐年发放房租补贴，补贴年限应不低于 10 年。

只有通过建立一种退出激励补偿机制，才可以提高农民工退出土地承包权的意愿。以上只是笔者借鉴各地退地的实践经验而提出的初步建议。由于各地经济发展状况不同，补偿依据也有所不同；土地的质量以及区位条件的差异，补偿的标准也有所区别。但是，基本的补偿原则应该是，必须确保退地农民能够在城镇"沉淀"下来，充分保障他们未来的生活。

7.2.2.2 补偿费用分担问题

谁来承担补偿费用？这也是建立退地补偿机制的关键问题。从理论上来讲，费用分担的原则应该是"谁受益谁承担"，但是，考虑到农业弱质产业的特性，在不改变农地用途的前提下，完全由农地承包权退出的直接受益人来承担，是不切实际的。不管是农户所在的集体组织，还是其他成员，或者某个龙头企业，都无力全部承担退地的补偿费用。地方政府基于财政状况与利益的权衡，可能也不愿意完全承担这笔费用，尤其是异地转业的农民工，如果其所退出土地的面积与质量不足以产生较大的经济与社会效益，地方政府就根本不愿意出一笔不菲的退地补偿费。

笔者认为，费用由受益人（或企业）、地方政府、中央政府三者分担比较合理的。补偿费用的基本构成包括：土地转让租金、地方政府的支农资金、中央财政专项基金等。土地转让租金是在土地进行新一轮承包调整之前，通过有偿转让,由地方组织代收;中央财政专项基金是中央财政从支农开支中划拨部分经费作为农民退地补偿的专项费用;地方政府也必须从支农财政中划拨一部分经费作为退地的补偿。由于农民退地会带来农业和非农业的增量效益:有利于实现土地的集约利用和规模化经营,提高留守农民的收入水平;农业现代化又为非农产业提供丰富的原材料和广阔的产品市场,因此,由地方政府与中央政府建立退地补偿专项基金是合情合理的,也符合现阶段"工业反哺农业,城市支持农村"的政策取向。

7.2.2.3 退地程序问题

严格和合法的程序可以有效降低退地改革实践给社会带来的成本。在尊重农民决策意愿的基础上,可以按照如下程序进行退地:

第一,需要得到家庭成员的一致同意。由于承包地牵涉到家庭各成员的经济利益,为了避免造成家庭成员之间的内部纠纷,因而,必须在家庭成员一致同意的情况下,以整户退出的方式进行,如果只有个别成员同意退出,保留其获得退地的相应补偿或收益的权利,等家庭其他成员也同意退地后,再以整户的形式退出,然后再享受相应的补偿。

第二,退地农户需要与集体经济组织(承包土地的发包方)签订书面协议,同意退地的家庭各成员在协议书上签字。协议书上必须有退地面积、地块、方位,以及补偿的条件及方式。协议书受法律的保护。

第三,考虑到农民经济地位的脆弱性,借鉴重庆设立"三年试错期"的办法,在三年内,将土地的承包权与经营权分离,农户仍然拥有承包权,但是经营权收归集体经济组织,由集体经济组织统一处置土地的经营权(使用权)。三年后,如果农户觉得不适合在城镇发展,希望回乡重新经营农业,应该允许农户收回土地承包经营权。

7.2.3 建立农地流转利益补偿机制①

农民工与土地之间的依附关系,是农民市民化与城镇化不能协调发展

---

① 本小节部分内容发表于《华中农业大学学报》(社会科学版)2009 年第 6 期。

的根本原因。以农民和土地的双向依附关系作为基本前提来设计的土地流转制度强化了具有"中国特色"的城镇化路径,因此,在农地产权集体所有属性还未改变的情况下,农地流转只是一种过渡性的制度安排。从长远来看,农地流转的制度设计不符合农民市民化发展方向。但是,这并不意味着,我们应该放弃这项制度,恰恰相反,由于中国土地产权制度的复杂性以及农民地位的脆弱性,在相当部分进城务工农民不愿意退地条件下,基于尊重农民的土地权益,在未来一段时间内仍然需要完善现有的土地流转制度,通过建立农地流转利益补偿机制,加速农村土地流转速度。这种"准退出"制度是对农地退出补偿机制的一种必要补充,也是农民退出机制的重要组成部分。

7.2.3.1 农地流转中面临的农民利益流失问题

在土地流转方面,现阶段由于缺乏合理的利益补偿机制,导致了农民利益大量流失。农民利益受损主要体现在以下几个环节:

第一,在产业化经营方面。随着农业产业化进程的加速,农地集中和规模化经营已经成为一种必然趋势。在这大趋势中,利益分配机制的合理化,始终是农业产业化发展的核心与关键。只有农民的利益得到保护,才能促进农地合理流转,才能调动农民参与农业产业化经营的积极性。但是,在具体的实践中农民利益并没有得到切实的保障。有些地方政府仍然偏向于利用行政的手段,强行推动产业化经营,甚至强行征用农民承包的土地,然后转租给从事农业产业化的龙头企业,而失地农民成为龙头企业的雇工。这种对农业产业化"揠苗助长"的做法,违背了市场经济发展的客观规律。特别是,把农民的前途命运维系在一家企业身上,让农民担负起企业经营风险。企业一旦经营失败,将不能履行合同义务,无法兑现土地承包补偿费用,农户将蒙受沉重的经济损失,这不仅严重损害农民的利益,也影响了农村社会的稳定。

农村土地股份合作是农业产业化经营中创新出来的一种土地经营新机制,为提升农业产业化水平,促进农民增收提供了有效的途径。但是由于股权设置不合理且缺乏明确的法律法规来规范,在利益分配上也存在很多问题。在大多数情况下,普通农民并没有拥有更多的参与权与话语权,他们对配置的股份只拥有名义上的产权,可以据此参与分红和有限的管理。但没有处置权,不能转让、买卖、抵押,甚至不能继承。① 在实行"土地股份合作制"后,农民失去了土地财产权利,他们的生活保障建立在股份分红上,其保障程度往往取决于土地股份合作企业的经营状况和收益水平,风险大,很不稳定。当企业经营困难效益不佳时,农民的股份分红就很低,而农民又难以在短时间内收回自己的土地,这就侵害了他们的土地财产权利,造成农民利益的损失。

第二,在农地流转市场方面。目前,我国土地流转还没有形成一个完善的市场体系,公平合理的价格体系尚未建立,与农地流转相配套的社会服务体系远未形成。由于缺乏透明公平的定价机制,农民在转让土地时往往得不到与市场价值相当的利益补偿。在现有的市场博弈环境下,单个农民在市场交易中往往是弱势的一方,许多农民不了解土地的真实的市场价值,无法判断土地的增值前景,因而也很难对投资方提出分享土地增值收益的要求。

农地流转市场体系不完善还表现在与土地流转相配套的中介组织建设滞后。由于缺乏一个服务于农地流转的中介组织,使得农民与农民之间以及农民与市场之间信息交换的机会大大减少,也导致了土地供求双方信息不畅,信息来源渠道和信息数量显得不足和滞后,从而在很大程度上延缓了土地流转的进程,增加了土地流转的交易费用,较高的交易费用阻碍了土地交易所带来的福利的增进。再则,在市场竞争激烈而流转信息又不畅的情况下,由于农民数量多且居住分散,人均拥有的农地面积少,农民在农地流转的市场博弈中,往往处于不利地位。在缺乏诚实可信的流转平台情况下,农民的利益得不到保障,土地流转的交易风险也加大了。

---

① 韦俊虹:《对农村股份合作制的多维思考》,《农村经济》2006 年第 4 期。

7.2.3.2　对农民利益补偿是推进农地合理流转的重要环节

推动农村土地流转又好又快发展,有赖于我们有效解决影响农地合理流转的制约因素,其中很重要的环节就是建立农民利益的补偿机制,只有农民的利益得到合理补偿,农地流转才会顺畅,才会形成规模。

第一,对农民利益补偿有助于提高农民转让农地使用权的积极性。在实践中,一些进城务工农民既不愿意退出土地承包权,也不愿意交出土地使用权,有的甚至宁肯让土地撂荒也不愿意进行土地流转,其中最根本的原因是对自己利益得不到保障的担心。在市场经济条件下,农民也是个经济人,当农地转让的收益低于自耕的机会成本时,农民就没有流转农地的动力。只有当农民的利益得到切实的维护,农民才有转让农地使用权的积极性。因而,确保农民利益得到补偿是推进农地流转的根本动力。

第二,对农民利益的合理补偿有助于增强农民对土地的现期投资的激励,从而提高土地流转的机会。如果农民的利益得不到维护,就会降低农民在农地流转中获得更高收益的预期,在这种情况下,他将不得不降低在土地上的投资价值以免在未来的农地流转中可能导致的利益流失,其结果是农地土壤的贫瘠化。反之,如果农民的利益能得到合理补偿,就会激励农民进行更多的养地投资,保持农地土壤的长期肥力,当农民想转让土地时,由于农地肥力良好使得农地流转的机会也大大提高了,从而促进农地流转的良性循环。

第三,建立农民利益补偿机制有利于形成农地合理流转的市场环境。对出让农地使用权的农民进行利益补偿,维护农民的正当权益,有利于保持广大农村地区的社会稳定,也有利于营造农村公平博弈的市场环境。在这样的市场环境下,农民作为土地流转的受益者,会坚持参与农地流转的热情,当他们进城谋生或者出于某种需要时就会愿意出让土地使用权,从而扩展了农地流转的市场,实现土地资源的优化配置。

7.2.3.3　构建农地流转中农民利益补偿机制的政策路径

解决好农地流转中农民利益流失问题,加快对农民的利益补偿,是促进

农地流转又好又快发展的重要环节。为此,我们必须从以下几个方面来构建农地流转中的农民利益补偿机制:

第一,构建农业经营的利益保障机制。

农业产业化要求农地流转,形成规模经营。但是,在农地流转的过程中农民利益流失问题相当严重。我们必须构建农业经营的利益保障机制,这是促进农地规模经营、发展现代农业的关键环节。

一是政府要克服行政手段的偏好,切实遵循"自愿、有偿、规范、有序"的原则,确定农民在土地流转中的主体地位。积极转变政府职能,明确界定政府在土地承包经营权流转中的作用。不能违背农民的意愿贸然推进土地流转,对于符合产业化要求的,可以鼓励农民进行农地流转,同时确保农民从农地流转中获得收益,并建立健全土地流转后相应的保障机制。

二是要依照法律规范签订合同。制定和颁布统一的土地流转合同文本,提高农地流转合同的规范性,明确不同利益主体的权利和义务。各级农业承包合同管理机关要指导流转双方签订好合同,加强对流转合同的管理,监督合同的实施,一旦出现侵权行为,要及时调解处理合同纠纷,努力提高合同的履约率,并保护好合同双方的正当利益。

三是明确土地股份合作组织的法律地位,通过法律和政策来规范土地股份合作经营。土地股份合作将成为我国土地流转的主要形式,在其发展的过程中,损害农民合法权益的行为需要得到解决和纠正。我们必须完善农村土地股份合作组织的股权制度,重视农民的话语权和参与权,在利益分配上应该向农户倾斜。除外,还须建立一种风险保障机制,确保农民入股土地的安全和收益,当投资企业经营困难而亏损时要保证农民能及时收回土地,保护农民的土地财产权利。

第二,构建完善的农地流转市场体系。

农地流转市场体系不完善影响了农民在农地流转中的福利增进。因此,优化农地流转市场环境是建立农民利益补偿机制中的重要环节。

一是要营造良好的农地流转制度环境。健全的市场体系必须建立在良好的制度环境上。我们要坚持和完善家庭承包经营责任制,这是稳定农村经营制度的基础,也符合广大农民的根本利益。只有在稳定家庭承包经营的前提下,才能落实和保障农民的土地权益。因此,健全农地流转市场体系必须与完善承包制同步进行,积极打造良好的农地流转制度环境。

二是要建立一个透明公平的定价机制。没有市场定价机制,交易过程及结果不透明都可能造成农民利益的流失。我们要积极探索建立土地承包经营权估值定价机制,使土地更真实地反映其市场价值。对于中长期流转,在政策和合约上应该预留土地增值的空间,通过建立收益浮动机制,防止用流转合同把农民的收益固定在较低水平,损害农民的受益权。①

第三,要建立与农地流转相配套的社会服务体系。

一是要建立服务于农地流转的中介组织,打造程序规范、操作公开的交易平台,提供合同签订、法律咨询、纠纷仲裁、风险保障等服务,为流转双方提供便利。

二是要逐步建立公开、透明的农地流转信息平台,实现农地流转信息的网络化管理,降低信息搜寻成本,减少农地流转的交易费用。

三是要建立和健全农地流转信贷制度。由于农业面临自然和市场的双重风险,种粮大户和龙头企业难以获得银行和投资者的资金支持。建议政府可以通过优惠的财税政策,鼓励银行和各种投资机构积极为农村种粮大户、产业化经营的企业发放贷款,提升农业综合生产能力和抗风险生产能力。

7.3 加快体制创新,统筹现代农业发展

城镇化和农民市民化的协同发展有赖于农业生产力的发展和农业领域

---

① 徐明华:《关于湖南农村土地流转的调查与思考》,《新湘评论》2009 年第 1 期。

中资源要素的转移。实践来看,农村城镇化与农业现代化是同一事物的两个侧面,相互促进又相互制约。如果不提高农业的生产效率和生产力水平,不提高农村留守农民的收入水平,必然会加剧城乡经济结构的二元化,从长远来看,也会制约城镇化的发展和农村社会的全面进步。因此,健康的农民退出机制必须促进农地集约利用和农业现代化水平的提高,使留守在农村的农民享有较高的收入和有尊严的生活,而发展现代农业,需要深化农业经营体制与管理体制的创新。为此,与农民退出相联系的,要着重抓好以下几个问题:

7.3.1 发展农地金融,促进土地要素的合理流动①

前面的实证研究表明,区位条件较好,土地质量也较好的农民工退地意愿较弱。在尊重农民决策意愿的前提下,只能通过加快土地流转,发展农地金融等方法,促进土地资本要素的合理流动,实现土地的集约化与规模化经营。一旦土地的规模化经营成为不可逆转的趋势,众多的农户将逐渐退出农业与农村,走向工业部门与城市部门,最终实现农业现代化与农民市民化,这也是世界农业经济发展的普遍规律。因此,通过发展农地金融,促进农村土地资本要素的合理流动,这是构建畅通的农民退出机制的重要环节。

农地金融(农村土地金融的简称)是指农地经营者以所承包农地的经营权作为抵押向金融机构融资的资金融通形式,其实质是发挥土地的财产功能,将固化在土地上的资金重新启动起来,为农业生产经营者提供资金支持,实现农业生产的持续发展。农地金融在西方国家已经有两百多年的实践经验,而在我国还处于争论和探索的阶段。从上个世纪90年代中期起,我国学术界开始研究农地金融制度。但由于法制环境和农村客观条件的制约,农地金融始终未能在我国农村经济发展中扮演应有的角色。就全国范围来看,农地金融仍然处于探索阶段。

---

① 本小节部分内容发表于《理论探索》2009年第6期。

7.3.1.1 发展农地金融是加快农地流转的客观要求

第一,农地流转需要健全的金融体系作支撑。从实践来看,农地流转改革对金融服务提出了更高的要求。

一是土地流转改革需要更多的信贷资金。农地流转促进了农业生产规模经营,但是实现规模经营的前提条件是必须有大量的资本投入,而依靠农业本身无法筹集充足的资金,因此,必须对农地流转提供金融支持。

二是农地流转改革要求延长信贷资金的期限。农地流转后,土地向专业大户、农业企业、农村专业合作组织等集中,规模化经营需要购买大型农机具,资金周转时间延长,需要长期的信贷支持。

三是农地流转后需要建立农业保险制度。农业是个弱质产业,面临着市场和自然的双重风险,随着农业产业化、规模化进程的加快,农业经营的风险也进一步加大,开展农业保险、建立完善的农业风险防范体系已日益迫切。

四是农地流转后,失地农民从事第二或第三产业生产也需要金融信贷服务。由此可见,农地流转改革对农村金融体系建设提出了更高要求,迫切需要健全的金融体系作支撑。

第二,农地金融是农地流转的重要推动力。

当前,我国农村金融体系还相当薄弱,农村金融体系的改革并没有跟上农村经济转型对金融服务不断增长的需求,具体表现在正规农村金融机构资源供给不足、服务不到位,农村信贷资金的供求矛盾突出等方面。建立健全农村金融服务体系,最重要的是要形成有效的信贷担保机制。在现有的信贷政策下,银行决定贷款的主要条件是担保抵押资金是否筹备,而在农村最缺的恰恰就是抵押品、担保机制。① 由于农业生产的特殊性,在涉农融资中往往不能提供有效的抵押担保,严重影响了信贷的获取。由于缺少抵押物,金融机构的信贷资金占农业投资的比例相当低。因此,在现阶段探索利

---

① 韩俊:《我国农村金融需求问题》,《中国农村信用合作》2008 年第 1 期。

用土地的承包经营权抵押贷款,开发土地融资功能,为土地流转和农业规模化经营提供坚实的金融支持已成为越来越现实的问题。以农地作为抵押向金融机构进行融资,这就是农地金融制度的中心环节。对于农业产业发展来说,按国际的发展经验,一旦土地流转市场起来,肯定涉及农地抵押的问题。随着我国农地流转的加速,我们也应该适时地制定适合我国国情的农地抵押政策,建立农地金融制度。与其他国家不同,我国农地金融的抵押物是土地的使用权而不是所有权,这是由我国土地所有制性质决定的。

第三,建立农地金融制度可以加快农地流转的步伐。

农地金融制度的中心环节是土地抵押,而土地抵押本身就是农地流转的一种重要形式,当土地抵押人无法如期清偿贷款时,债务者被取消土地的赎回权,抵押的土地使用权(经营权)即归债权人,这实际上是土地使用权的一种流动或转移方式。随着农地金融制度的建立与健全,使农业的集约化、规模化经营有了资金的保障,推动了农业产业化进程,从而也加速了农地流转的步伐。此外,随着农地金融制度的深化,农地的证券化和农地使用权的信托业务也将陆续展开,这样可以吸引那些从事非农产业的农户将闲置的农地采用入股或信托的办法,进入流转的行列。[1] 农地金融制度的深化也带动多种农地流转中介组织的成长,为农地流转创造更多的交易平台。因此,从实践经验来看,农地金融是农地流转的重要推动力,建立农地金融制度是加快农地合理流转的客观要求。

7.3.1.2 我国发展农地金融面临的制约因素

目前,我国还没有形成有利于农地金融发展的法制环境和客观条件,还面临诸多方面的制约。

第一,法律与政策缺失是发展农地金融的首要制约因素。

农地金融制度的中心环节是农地抵押,但是,我国农地抵押担保在现有的法律上还是空白,缺乏法制保障。在现行的法律框架内,国有土地使用权

---

① 石东莲、段玉景:《融通农村资金新途径》,《中国农村信用合作》2007 年第 6 期。

可以抵押、贷款、融资,而农地使用权却没有这样的功能。《中华人民共和国担保法》明确规定:耕地、宅基地、自留山等集体所有的土地使用权,除了抵押人依法承包并经发包方同意抵押的荒山、荒沟、荒丘、荒滩等荒地的土地使用权可以抵押外,其他均不可抵押。也就是说,除了"四荒"外,农地使用权不得作为抵押权的标的。此外,农地抵押也缺乏中央政策的支持。中央政策的基本原则是稳定现有的土地承包关系,并承诺"长久不变",而对农地抵押还是持保留态度。因此,建立农地金融制度首先就面临着法律和政策上的制约。

第二,缺乏健全的农村社会保障体系也是制约农地金融发展的主要因素。

与发达国家和地区不同,我国农村土地具有经济发展与社会保障双重功能。这是二元经济结构下中国农村土地的一个显著特征。让农村土地使用权进入抵押贷款市场,必须先确保农民的基本生活保障。土地是农民的基本生产资料,农民一旦遭遇风险,无法还贷,就失去了土地经营权。在农村社会保障体系不健全的情况下,如果他们又没有其他谋生手段和门路,就无法维持他们的最低生活水平,这将是农村社会不稳定的巨大隐患。当前,中国农村社会保障体系还极其薄弱,近年来虽然在政府的强力推动下,农村社会保障制度正在努力建设和完善中,但是由于历史欠账太多,社会保障资金匮乏,保障覆盖面小,保障程度低,难以维持失地农民基本的生活水平。因此,在我国农村社会保障体系还不健全的情况下,大规模地推动农地进入抵押贷款市场将面临巨大的经济风险和政治风险。

第三,农地金融发展还面临农业保险制度缺失的制约。

农业产业的弱质性决定着农业生产的高风险性。随着农地流转的加快,农业产业化和规模化经营的风险也在加大。由于农业生产周期长、盈利能力弱,其抵御风险的能力不强,依靠农业自身的力量无法化解各种风险,必须利用社会化的农业保险来规避农业风险。这就需要通过发展农村保险事业,为农业生产发展提供安全保障。国家对农业保险一直都很重视,多年来,中央一号文件都对农业保险工作进行部署,但是,由于缺少国家财政税收政策扶持以及未建立巨灾风险分散机制等多种因素,我国农业保险业务举步维艰,难以充分发挥保障作用。在农业风险缺乏分散分担机制缺位的情况下,自然灾害和市场风险对农地金融的正常运转将带来极大的危害,使得农地抵押风险概率大大提高,农民有随时失去土地的可能。因此,缺乏完善的农业保险制度,发展农地金融也将面临重大风险。

7.3.1.3 发展农地金融的政策建议

为了促进农村土地资本要素的合理流动,加速农地流转,实现农业规模化经营,放开农地抵押、建立农地金融制度是必然的方向。在此,我们必须因势利导,顺应农村经济发展的客观规律,有条件、有秩序地放开农地抵押限制,构建具有中国特色的农地金融制度。

第一,必须遵循保障粮食安全的原则。

粮食安全始终是关系我国经济持续发展、社会稳定和国家自立的全局性重大战略问题。因此,在推进农村体制改革和制度建设时必须以保障粮食安全为前提。为了适应现代农业发展的需要,我们在放开农地抵押,创新农地金融制度的同时,要稳定农村基本的经营制度,坚守18亿亩耕地的底线,坚持农地集体所有制的原则。农地抵押仅限于农地的土地使用权,并且不改变农地用途和性质。各级政府要加强对土地监管力度,严防农地流转和农地抵押"非农化"的倾向,保持农地可持续生产能力。

第二,完善相关配套措施,为农地金融发展打好基础。

发展农地金融在中国具有现实的紧迫性与可行性,但还没有形成有利于农地抵押的法制环境和客观条件。现阶段,我们还需要建设相关配套措施为农地金融发展打好基础。

一是要健全农村社会保障体系,淡化土地的社会保障功能。在农村社会保障制度尚不完善和健全的情况下,土地仍具有养老、医疗以及最低生活保障的功能,这是现阶段中国农村土地的一个显著特征。在这样的情况下,逐渐弱化农地的社会保障功能是放开农地抵押的前提条件。

二是要完善农业保险制度,分散和降低农业投资风险。农业面临着市场和自然的双重风险,属于风险比较高的产业,农户以土地使用权作为贷款抵押物将承担巨大的投资风险。因此,我们必须建立健全利益和风险分散机制,着力完善农业保险制度。完善农业保险制度的关键环节在于要建立一种公共财政的支持机制:①借鉴发达国家的做法,建立由政府经营的政策性保险制度;②通过费用补贴等优惠政策,鼓励商业保险拓展农业保险业务;③对投保的农户提供保险费补贴,扩大农户对农业保险的需求。此外,我们还须加快农业保险立法的步伐,尽快出台涉农保险条例。

三是发展农地金融还需要国家法律政策的支持。按现行的法律,除了"四荒"(荒山、荒沟、荒丘、荒滩)外,农地使用权的抵押仍被限制。基于农地承担着生产与保障的双重功能,中央对农地的承包抵押权也迟迟不予放开,保持谨慎的态度。因此,在目前农地抵押还缺乏法律的保护和政策的扶持。作为农地金融的中心环节——农地抵押受到法律的限制,无疑是构建我国农地金融制度的首要障碍。根据我国农地金融发展的客观需要,我们必须尽快修改《土地管理法》、《担保法》、《农村土地承包法》等法律中阻碍农地正常抵押担保的部分条款,并加快制定适合我国实际的农地抵押法规,用以规范农村土地抵押的市场行为。

第三,逐步放开农地抵押,有序推进农地金融发展。

建立农地金融制度是加快农地合理流转的客观要求。随着我国现代农业发展的深入,金融抑制的问题将越来越明显。在此背景下,我们必须有条件地放开农地抵押限制,有序地推进农地金融制度建设。当前,农村社会保障体系还相当薄弱,农地仍然承担着生产和社会保障的双重功能。为维护农村社会稳定和农业的可持续发展,我们应该坚持试点现行,逐步推进的原则,在有条件的领域与地区推行农地金融试点。

一是可以尝试将非基本社会保障耕地纳入农地金融抵押范围。《中华人民共和国担保法》规定除了"四荒"可以抵押外,其他耕地、宅基地、自留山等土地使用权均不可抵押。这个规定显然与现实不相适应。随着城市化水平不断提高,农村人口迅速地向城市、工业部门转移,在这个转移的过程中,农地撂荒的现象越发严重。这部分的农地已经失去了生活保障功能,土地闲置也造成了资源的巨大浪费。因此,在"四荒"的基础上建议逐渐放开非基本社会保障耕地使用权抵押,如农户长期外出打工经商而撂荒的耕地、自留地、宅基地等,非基本生活保障农地放开抵押限制后不仅可以盘活土地资源,而且还可以满足农户从事第二、三产业所需要的信贷资金。

二是在经济发达的地区逐步放开农地抵押。经济发达地区农地流转步伐快,农业产业化和规模化经营对金融服务的需求较高。此外,由于经济发达地区农村市场经济比较成熟,农户市场参与度高,在农户的全部收入中农业经营性收入所占的比重较小,因而农地的社会保障功能也相对弱化。在此情况下,放开农地抵押对农村社会稳定造成的冲击力也较小。因此,建议在经济发达地区多进行农地金融试点,积累宝贵的经验,待条件具备后再向其他地区推广,有序地推进我国农地金融发展。

农地金融的发展,必将推动土地资本要素的自由流动,这为提高土地资源的配置效率,实现农业产业化与规模化经营创造必要条件,也是众多从事非农产业的农民退出农地与农村,走向城市的重要推动力。

7.3.2 创新农地经营制度,促进农地集约利用

土地是农业最基本的生产资料,又是农民最基本的生活保障。20 世纪80 年代以来,随着土地家庭联产承包制度的实施,极大地解放了农业劳动生产力,同时也强化了农地的生产与生活的保障地位。在现有的产权制度安排和生产经营方式下,农地承载着社会稳定、收入、就业、保障等多种功能。然而,随着市场经济体制改革的深化以及农民阶层分化的加剧,现有的家庭承包经营制也面临严重的挑战。农村耕地撂荒与粗放经营、农业劳动率降低、农民收入增长缓慢等问题严重制约了农业经济与农村社会的顺利转型。在城镇化不断推进的背景下,推进农地经营制度的创新是我们亟待解决的重大课题。

7.3.2.1　转变治理理念,切实减少农村土地撂荒现象

随着农村空心化与人口老龄化的加剧,农村耕地撂荒问题日益突出。破解耕地撂荒治理难的困局,需要找出国家粮食安全与农民权益保护之间一个平衡点,统筹兼顾国家粮食安全与农民的合法权益。

第一,要充分尊重农民的决策意愿和农民在经济活动中的主体地位。部分农民弃耕经商或进入城市打工,是出于理性收益预期而作出的决策。在此背景下,单纯依靠行政力量是无法遏制耕地撂荒现象发生的。相关部门要加强对农民耕地撂荒的内在驱动因素与宏观背景因素的走势分析,预测耕地撂荒的发展趋势,根据农民决策意愿进行分类管理。

第二,要给予固守农田耕作的农户进行合理的经济补偿。追求更高的收入是农户弃耕撂荒的根本动力,因此,必须通过利益补偿缩小农业与非农业之间的收入分配差距,其中,最关键的环节是改进粮食直补政策。要按照"谁种粮谁受惠"的原则,只对那些固守农田耕作的农户进行补贴,不仅要加大补贴的力度,同时还要考虑到农资价格和农户的投入成本。通过建立粮食生产的利益补偿机制,提高农民种粮的生产积极性。

第三,要维护法律的尊严,切实保障国家的粮食安全。尊重农民意愿并不是允许农民随便撂荒耕地。根据现有的法律规定,弃耕责任田是一种违法行为。《土地法》、《土地承包法》、《基本农田保护条例》等法律条文中都明确规定了土地使用者保护基本农田的义务。但是在具体的实践中,法律并没有得到真正的执行。考虑到农村社会的复杂性和农民的弱势地位,建议政府将承包权与经营权分离,对于撂荒两年以上的耕地,在一定时间内不改变农户承包权的情况下,其经营权由集体收回,集体在耕地撂荒期间有权处置耕地经营权。只有坚持权益与义务相对等的原则,耕地撂荒才有可能得到有效地治理。

7.3.2.2　促进土地规模化经营,提高农业产业化水平

当前,中国农村小农经济依然占据绝对地位。土地经营规模普遍较小,难以形成规模效益,再加上农业弱质产业的属性,面临自然与市场的双重风

险,因而,长期以来,我国农业一直是经营风险大、边际收益低且不稳定的产业。因此,我们必须在稳定家庭承包经营制度的基础上,促进土地规模化集约化经营,提高农业产业化水平。

第一,要创新农地管理制度。在新一轮土地承包调整之前,合理配置农地承包权退出后的农地资源,通过整理与置换,使土地集中起来,再通过流转方式,转包给种粮大户,推进农业的规模化和集约化经营。

第二,要健全土地承包经营权流转制度。积极支持各种土地流转中介组织的发展,完善土地流转市场体系。促使土地向大规模、集约化经营发展。实现土地规模化经营,有利于促进农业科技的应用和推广,有利于提高农业产业化经营水平,促进农村劳动力的就业和转移。

第三,要努力提高农业产业化水平。在尊重农民和企业决策意愿的前提下,各地要因地制宜,利用支农惠农政策效应,持续地推动农业产业化水平。要积极培育和发展一大批能够带动农业产业结构升级与优化的龙头企业,着力提高农业产业化经营的科技创新能力、市场竞争能力,创新机制促进龙头企业与农户的共同发展。

7.3.2.3 加快农村社会化服务体系建设

农村社会化服务体系是旨在为农民提供产前、产中和产后提供全过程的综合配套服务。农村社会化服务体系的建立对于促进农业增效、农民增收,推动农业现代化发挥巨大的作用。现阶段农村的服务体系还相当脆弱,与发展现代农业、建设新农村的新形势与新要求相比还存在很大的差距。

农业产业化发展需要的社会化服务是全方位、多层次的。主要包括信息服务、流通服务、科技服务、农业机械服务、加工销售服务以及法律咨询服务等多方面的服务需求。地方政府应该以发展现代农业与建设新农村为契机,加快制定农村社会化服务体系建设的具体措施和方法,保证农地经营制度创新的健康发展。

第一,要形成多元投入的投资新格局。各级政府要用足用好支农资金,在支出预算中设立专项资金,支持农村社会化服务体系建设。实行优惠的税收政策,鼓励回乡创业农民工兴办各类服务实体。充分利用创业投资、担保、贴息等市场手段,引导社会资本参与建设。

第二,要加强监督与管理。提高农村社会化服务体系的服务绩效有赖于政府的有效监督与管理。对于公益性的服务,要杜绝各级部门向农民乱摊派,乱收费行为,切实减轻农民负担。对于经营性服务的收费,要加强对服务质量与服务价格的监督,加大对违规的服务组织与服务人员的查处力度,确保社会化服务体系对农业与农村发展产生良性的"溢出"效应。

7.3.3　培养新型农民,提高留守农民的收入水平

提高农民素质,培育新型农民是发展现代农业,强化农业科技支撑的重要环节。所谓的现代农业,就是广泛应用现代科学技术、现代工业提供的生产资料和科学管理方法的社会化农业。而发展现代农业离不开农民这个主体,只有不断地提高农民素质,才可以适应农业现代化对高素质劳动力的需求。因此,我们要大力发展农村教育,培养造就有文化、懂技术、会经营的新型农民。

培养新型农民是一项长期的艰巨的任务。现阶段,首要的任务是要加大对农村人力资本的投资,加强对农民的专业性教育与技能培训。

7.3.3.1　我国农民教育存在的问题

当前,我国农民教育存在的问题主要体现在以下两个方面:

第一,专业性教育发展滞后。专业性教育一般是指与个人今后所从事职业的方向密切相关的教育,其中最主要是高等教育。当前,缺乏高级专门人才是制约农村与农业经济发展的主要瓶颈之一。从根本上讲,现有的农村教育,是在农村为城市培养高级专门人才,培养离开农村、农民和农业的人才,而不是基于服务农村的高级人才。我国现有的高等学校都在培养城市需要的人才,很少考虑培养农村所需要的人才。即使是农业类高等院校涉农专业的学生,毕业后意愿回乡从事农业的少之又少。这样的专业性教育,已很难适应新时期农村经济发展对高级专门人才的需求。从现代农业

发展趋势来看,发展农村的高等教育体系是必然的趋势,也是提高农村人力资本质量的现实选择。因此,需要体制与机制的创新,着力培养热爱并了解农村、农民和农业的高级专门人才。

第二,农民技能培训机制不健全。许多地方政府对开展农民技能培训的重要意义认识不到位,定位不准确,缺乏全局观念和为农服务意识。而农民的学习意识也较为淡薄,急功近利,对于不能达到立竿见影、难以获取短期收益的技能培训,他们就不愿意投入太多的时间与精力。职业技能培训的资源匮乏也是突出的问题。目前,大部分乡村组织尚未建立健全配套的职业技能培训体系,师资力量薄弱,培训工作管理松散,培训内容随意性大。此外,技能培训的资源利用率也很低,不少乡村组织只限于从本乡本村能工巧匠中寻找培训教员,没有充分利用社会培训力量来开展技能培训工作。

7.3.3.2 培养新型农民的路径选择

从现实的角度来看,培养新型农民,是提高农民收入水平,实现农业现代化的有效途径。为此,各级政府在促进农村教育发展,培养新型农民过程中,要努力做好以下几个方面工作:

第一,要建立符合现代农业要求的农村教育经费转移支付制度。当前,中国农村教育发展水平与城市相比存在不小的差距。教育投入不足,教育资源配置不当、农民经济收入低,是当前农村教育问题的症结所在。农村教育发展的滞后,造就了大量低素质农村劳动力,从而影响了农业科技的推广与应用,阻碍了农业现代化进程。因此,在新的历史条件下,我们迫切需要建立合乎时代要求的农村教育经费转移支付制度,通过加大对农村基础教育的财政转移支付力度,使农村青少年能够接受良好的教育,提高农村人口的整体素质,保证农村经济的发展有高质量的人才。

第二,要构建农村职业教育体系。长期以来,我国农村的基础教育实际上成了向非农行业输送人才的基地,绝大多数农村学生学习的目的就是走出农村,走向城市,而现有的农业高等教育的培养目标是技术干部和行政管理干部。因此,当务之急,我们迫切需要构建农村职业教育体系,培养出农村经济发展用得着,留得住的专门人才。发展农村职业教育,要围绕发展现代农业和建设新农村的要求,贴近实际,面向未来,在办学形式上要多样化,在课程设置和专业设置上要具有前瞻性和超前意识,使农村职业教育为农村经济可持续发展培养出大批实用性人才。

7.4 优化就业与生活环境,促进农民工市民化

农民工融入城镇是经济社会发展的必然要求,也是实现农民市民化与城镇化协调发展的客观需要。然而就目前的现状来看,农民工与城镇社会的实质性融合还存在诸多困难与障碍。因此,我们应该根据农民工在城镇生存的状况以及他们定居城镇的意愿,并充分考虑农民工的合理需求,继续完善相关政策,优化城镇的就业与生活环境,促进农民工市民化,这也是构建农民退出机制的重要组成部分。

7.4.1 优化产业结构,扩大城镇就业容量

城镇化是农民市民化的载体,持续地、稳健地推进城镇化进程,是实现农民市民化的根本前提。推进城镇化建设离不开产业支撑,只有壮大产业,拓展城镇人口的就业空间,才可以吸纳更多的农村剩余劳动力,从而通过人口聚集效应,促进城镇化发展,也为农民工向市民的转化奠定必要的基础。从前面的实证研究可以看出,"工作不稳定"与"就业压力"是农民工融入城镇的主要障碍,也是影响农民工退地决策的关键变量。

国内外经验表明,就业空间的加大、就业岗位的提供,取决于经济的持续增长和产业结构的不断演进。为此,我们必须优化城镇产业结构,扩大城镇就业容量,留住农民工,使他们能够"沉淀"下来,成为城镇产业工人。

7.4.1.1 走新型工业化道路,增强工业化对城镇就业的带动作用

目前,我国的城镇化进程正处于中期阶段,在这个阶段,工业化仍然是

城镇化的基本推动力。从总体上看,制造业在今后一定时期内仍将是我国城镇经济增长的主体。改革开放以来,鉴于我国农村剩余劳动力多且素质低,而资金、技术等要素相对稀缺的事实,在很长的一段时期内,大力发展劳动密集型产业成为扩大就业、缓解"民工潮"问题的重要战略选择。然而时至今日,随着原材料价格的上涨与劳动力成本的提高,劳动密集型产业因其产品附加值低,市场竞争力减弱带来了诸多不确定性和不经济性,吸纳农村剩余劳动力的能力明显降低。因此,劳动密集型产业面临产业升级和结构调整的现实压力。

党的十六大提出"坚持以信息化带动工业化,以工业化促进信息化,走出一条科技含量高、经济效益好、资源消耗低、环境污染少、人力资源优势得到充分发挥的新型工业化路子",这为我国工业化发展指引了前进的方向。根据我国工业化资源禀赋的实际情况,我们必须选择新型的工业化道路。一方面,我们要大力推进制造业信息化,应用信息技术来改造传统产业,并集中力量发展高新技术产业,充分发挥后发优势,跟上国际先进水平;另一方面,我们要建立和完善制造业信息化技术服务体系,推动传统制造业向现代制造业迈进。

当然,新型工业化也对城镇就业带来不利的影响,使城镇的结构性失业有增加的趋势。新型工业化的发展导致大规模的工业结构调整和经济结构调整,使得工业就业压力加大,低素质劳动力大量过剩,而有较高文化素质和较高劳动技能的劳动力又相对短缺。但值得注意的是,新型工业化对劳动者综合素质提出了全新的要求,从而会促使城市管理者加快建立就业培训和服务体系,迫使劳动者个人重视对劳动知识技能的提高和综合素质的培养,以适应城市现代产业发展对劳动者素质的需求。尽管新型工业化会带来结构性失业的增加,但是,新型工业化广泛使用高新技术,同时也会促进新职业种类的出现,加大对高新技术人员及高技能工人的需求。因此,在传统产业吸纳劳动力能力不断下降的背景下,推动新型工业化发展是增强工业化对城镇就业带动作用的必然选择。

7.4.1.2 加速发展第三产业,使第三产业成为拓展城镇人口就业的主要渠道

调整产业结构的重点在于创造条件大力发展第三产业。第三产业的发展既是城镇化内涵扩大的基础,又因为其提供了较多的就业机会,从而成为现代城镇化的有力的后续推动力。相关的研究表明:第三产业是就业增长弹性①最大,吸纳劳动力最多的产业(曾国平、蒲艳萍等,2005)。而我国第三产业发展仍相当滞后,这是不争的事实。因此,当务之急,我们要加快发展城镇第三产业,扩大第三产业在国内生产总值中的比重。

一是要有制度创新,变革阻碍第三产业发展的传统体制和机制,完善市场体系、综合服务体系和社会保障体系,加快资金、人才、技术、土地、信息等各种生产要素市场建设,促进各种生产要素自由流动及其向城市聚集。

二是要围绕小城镇建设,加速乡镇第三产业的发展,加快农村城镇化进程。做好农村集镇建设规划,依托农副产品集散地和加工地,因势利导地吸引农村剩余劳动力向城镇第三产业转移。

三是要积极发展新兴第三产业。加快以电子信息系统和网络为基础、计算机应用服务为内容的信息服务业发展,鼓励社会力量和国外投资者在我国发展信息咨询服务、劳动服务、法律服务、会计、审计等市场中介服务业。

四是要加强行业管理和法制建设。要制定有利于第三产业有序发展的政策措施,规范工商管理部门的管理模式,规范收费价格,使第三产业的发展有章可循,有法可依。

通过采取切实可行的政策措施,促进第三产业大发展。依靠发展第三

---

① 所谓就业增长弹性,就是指某一时期内某一行业就业量的变动对其产值变动的反应程度。它可以反映第三产业 GDP 每变动 1%,相应的就业变动的百分比,即 $Ei=(\triangle L/Li)/(\triangle Y/Yi)(i=1,2,3)$。其中:Li 表示 i 次产业就业人数;Yi 表示 i 次产业 GDP 值。曾国平、曹跃群(2005)利用中国 1978—2002 年的数据分别对各产业的就业增长弹性进行具体的测算,表明第三产业具有强力的就业增长弹性,其对吸纳劳动力具有很大的潜力。

产业提高就业增长弹性,从而不断提高第三产业从业人员占全部从业人员的比重,充分挖掘第三产业增加城镇就业容量的巨大潜力。

7.4.2 提高劳动报酬占比,实现体面劳动与尊严生活

从农民工城镇融入现状调查可以看出,大多数农民工在经济上都处于被动地位,整体而言,农民工对生活环境、工作条件与收入水平的满意度较低,这些都强化了农民工在城镇生活的艰辛程度。因此,提高劳动报酬占比,实现体面劳动与尊严生活,是促进农民工城镇融入的重要举措。

7.4.2.1 增加劳动报酬是实现体面劳动与尊严生活的关键

在很长的一段时间内,包括农民工在内的广大劳动者的劳动报酬未能体现其劳动力价值,劳动力价值被低估的现象相当普遍。在市场经济的条件下,我们过分强调了效率,却忽视了公平,由此导致了收入分配格局出现严重的失衡,这是造成社会诸多矛盾凸显的深层次原因。毋庸置疑,现在已经到了收入分配利益格局深度调整的时候了。党的十七大报告首次提出"提高劳动报酬在初次分配中的比重",2009年政府工作报告再次提出"逐步提高居民收入在国民收入分配中的比重,提高劳动报酬在初次分配中的比重"。显然,增加劳动者报酬已经成为政府维护广大劳动人民权益、调整利益关系和利益分配格局的根本着力点。

增加劳动报酬,不仅关系到劳动者个人及其家庭的生活温饱的问题,也关系到劳动者的体面和尊严,更关系到城乡协调发展和社会长期稳定的大局。只有让劳动者的劳动价值真正得到体现,并得到应有的收入,劳动者的"体面劳动"以及"有尊严的生活"才得以保证。

第一,增加劳动报酬有利于提升广大劳动者的生活水平。工资报酬作为绝大多数人的主要收入来源,不断增加劳动者特别是一线劳动者的工资收入,可以直接增强他们的消费能力,提升了生活水平,从而有助于实现"有尊严的生活"。

第二,增加劳动报酬将使更多的劳动者成为体面的劳动者。提高工资

收入,将迫使我国加快产业结构升级的步伐,促使那些依靠低工资的劳动密集型产业加快转型,加强技术创新能力,提高生产效率与产品的附加值。这些将激励企业加大对员工的人力资本投入力度,使一线从事简单劳动的工人更多地转变为能从事复杂劳动的技术工人,从而成为有较高收入的体面劳动者。

第三,增加劳动报酬有利于构建"有尊严生活"的社会环境。从社会的角度来看,提高工人尤其是一线劳动者和低收入者的工资收入,使其劳动付出与物质回报相匹配,从而增强"通过诚实劳动先富起来"的信心,这有利于社会和谐与稳定,也有利于构建"有尊严生活"的社会环境。

7.4.2.2　增加劳动报酬的现实途径

第一,必须遵循市场经济规律,发挥市场机制在增加劳动报酬中的作用。

在市场经济条件下,通过市场机制促进各生产要素的最优配置,并根据各生产要素在生产过程中的贡献,确定了各生产要素在初次分配中的报酬。工资、利息、租金、利润依次代表着劳动力、资本、土地和经营者管理的报酬。在一定的国民收入前提下,这些报酬呈此消彼长的关系,提高了劳动报酬的比例,意味着降低了其他要素报酬所占的比例。因此,从整个社会来看,增加劳动报酬实质是国家、经济单位以及劳动者个人之间的利益关系的重新调整。

不同于计划经济时代,在市场经济下,各生产要素的所有者追求利益最大化,我们不可能通过直接的行政干预使利益的分配向劳动力要素有利的方向倾斜。企图撇开市场机制来增加劳动报酬的做法是不符合市场经济体制改革的价值取向的,最终也无法达到利益合理调整的目标。因此,我们应该明确,增加劳动报酬最终必须由市场决定和实施。在不违背市场经济规律的前提下,通过市场机制的作用,促进劳动报酬稳定、持续地增加。

发挥市场机制的作用,意味着必须强化劳动者在市场博弈中地位,不断提高劳动者自身素质,包括提升劳动技能、维护合法权益、掌握市场信息以及市场讨价还价的能力等。作为市场的主体之一,劳动者必须尊重市场竞争的法则,善于利用市场的力量来提高自己的工资收入,而不是把政府的行政力量当做增加劳动报酬的决定性因素。当然,囿于市场机制的不完善,仅凭市场的力量难以提高劳动报酬在初次分配中的比重,政府在增加劳动报酬、实现体面劳动方面也应该有所作为。

第二,必须理顺政府与市场之间的关系,发挥政府配置资源的"公平"作用。

尊重市场经济规律,不等于放任自流。尤其在收入分配领域,政府必须履行应有的监督职能。在保证市场力量作用空间的前提下,理顺政府配置资源与市场配置资源的关系,发挥政府配置资源"公平"的作用,这是提高劳动者收入的重要环节。正如前面所述,由于我国市场经济体制还不够完善,法制环境也不健全,劳动力要素报酬长期处于较低水平,与他们的贡献极不相称。因此,劳动力价值的合理回归仍然离不开政府的有效干预。

一是政府必须通过切实可行的财税政策,扭转在初次分配中劳动报酬比重过低而资本所得畸高的现象。在所得税征收方面应该按照有利于提高劳动力要素报酬的原则来设计差别税率,同时,对于那些吸纳下岗失业人员以及能够建立职工工资稳定增长机制的企业实施税收优惠政策,鼓励企业提高劳动力要素的报酬比重。

二是政府要努力创造能够实现体面劳动的法制环境。实现体面劳动,维护劳动者"更有尊严"的生活,离不开法制的保障作用。我们必须从制度入手,从严格执法入手,切实保障劳动者的合法权益,提高包括农民工在内的所有劳动者的社会地位,让每一位劳动者在工作中都受到法律的保护,并都能够用法律的武器捍卫自己的权利。

三是要完善现行工会制度,畅通职工利益诉求的渠道。长期以来,广大劳动者工资增长缓慢的深层次原因是职工缺乏利益诉求和表达的有效渠道。尽管我国各类企事业单位都建立了工会组织,但是,这些工会组织的地位和权利还不够明确,尤其是工会干部大多数是单位的中高层管理人员,这种情况造成工会干部很难真正代表职工利益,导致了工会组织在为职工维权方面的作用不能充分发挥。因此,现阶段我们迫切需要完善工会组织,明确工会的地位和权力,使工会成为广大劳动者实现体面劳动和尊严生活的重要依靠力量。①

7.4.3　增强城镇综合承载能力,促进农民工融入城镇

在本书的第四部分,我们探讨了城镇综合承载能力对农民市民化影响的问题。在城市综合承载能力低下,无法为农民工提供良好的福利和环境,农民工就不可能在城镇里"沉淀"下来,那么让农民放弃土地承包权,真正地从农村退出就无从谈起。因此,提升城镇综合承载能力,促进农民工城镇融入,是构建畅通的农民退出机制不可缺少的重要环节。

结合当前的实际,我们认为,需要从硬环境与软环境两个环节着力提升城镇的综合承载能力,促进农民工融入城镇社会。

7.4.3.1　建设硬环境,改善城镇的居住与就业环境

硬环境主要体现在基础设施方面,特别是要完善交通、水电、通讯、住宅及教育、科学、卫生、体育等设施。政府要加大投入力度,进一步加强城镇的公共基础设施和公共服务建设,通过修建更多的保障性住宅、学校、医院、文化设施、体育等场所,为进城务工人员提供满足基本生活需求的公共服务。

解决农民工住房问题应该成为促进农民工融入城镇的主要着力点。从前面实证研究可以看出,住房问题是农民工融入城镇的最主要障碍,也是农民工愿意放弃土地承包权的最优先条件。没有住房,农民工就很难稳定地融入城镇,更谈不上实现市民化。促进住房融入,一方面应该把农民工逐步纳入城镇住房保障体系,对于长期在城镇就业、生活的农民工,在保障性住房方面,应该享有城镇居民同等的待遇;另一方面要建立健全覆盖农民工的

---

① 郑兴明:《增加劳动报酬:实现体面劳动与尊严生活的关键——基于马克思劳动力价值理论的阐释》,《南京航空航天大学学报》(社会科学版)2011年第1期。

城镇住房公积金制度,地方政府要加强对住房公积金缴付的监督和指导,通过公积金贷款制度的完善,提高进城务工人员贷款购房的能力。

在城镇基础设施建设资金方面,我们要深化城镇基础设施的投融资体制改革,实行城镇建设多元筹资政策,鼓励和引导民间资本投资城镇基础设施,为民间资本投资基础设施提供安全保障和政策上的支持。在民间资本进入基础设施的方式上,可以采用特许经营和投标等方式吸引民间大量闲散资金参与,也可以大力推广BOT、TOT、BLT等方式,使民间资本进入基础设施投资领域。

通过城镇硬环境建设,改善城镇的居住与就业环境,降低农民工在城镇工作与生活的成本,提高农民工定居城镇的意愿。

7.4.3.2 改善软环境,提高农民工对城镇的认同感与归属感

城市软环境主要包括一个城市的人口素质、历史传统、管理制度、价值标准以及社会生活方式所体现的城市文化,它反映了一个城市的发展活力、内在引力和竞争力。人口素质、历史传统、社会生活方式等是社会长期累积的结果,很难在短期内得到改观。在此,加强城市管理制度的创新,是改善软环境、增强农民工对城镇认同感与归属感的必然举措。当务之急,我们需要从户籍制度、社会保障制度和职业培训制度等方面着手,加强城市软环境建设。

随着经济体制改革的深入,户籍管理制度对劳动力流动的约束力越来越小,但是附加在户籍上面的有差别的国民待遇依然存在。现实来看,农民工在城镇遭遇的各种不平等待遇,都是以这个二元户籍、户口为理由得以体现。一些劳动权益保护、就业、子女就学、社会保障、居住等公共服务和基本权益往往和户籍制度直接相关。因此,消除城市社会对农民工的各种排斥与歧视,必须打破城乡分割的二元户口管理结构,深化户籍制度的改革。

加快建立城乡一体化的社会保障体系,积极探索农民进入城镇就业并落户后的社会保障制度。当前,农村的社会保障制度还不健全,且保障程度

低,土地依然是大部分农民安身立命的根本,失去土地对农民而言也就意味着失去了生存保障,当城镇存在就业风险,或者说对未来的预期不确定时,农民对城镇就难以产生归属感。因此,我们必须实现政策的城乡贯通,建立城乡一体化的社会保障体系,这将降低农民工融入城镇的门槛,同时也解决进城农民工"无后忧"问题。

完善职业培训制度也是促进农民工城镇融入的软环境建设的重要方面。由于农民工文化程度普遍较低,他们只能在较低层次的工作岗位上就业,较低的工资收入与较高的城市生活成本,使他们难以融入城镇社会,降低了他们定居城镇的意愿,也弱化了他们退出农地的动力。因此,需要建立进城务工人员的职业培训体系,以改进培训方式和发展职业教育为重点,不断提高农民工素质。城市政府部门要重视增加对农民工自身文化、法律常识、公民道德的教育,加强就业技能培训,不断提高农民工自身的职业技能。通过提高农民工综合素质,增强他们对城镇的认同感与归属感。

7.5 本章小结

本章从尊重农民决策意愿出发,以城乡统筹发展为维度,从农地退出与城镇融入两个层面论述了构建农民退出机制的路径选择。

在退出环节方面,本书主要按照建立土地承包经营权退出补偿机制、供给现代农业政策的思路来勾勒政策框架(见图7-1),期望通过政策的"溢出"效应,促进农地承包权良性退出、农地经营权(使用权)的良性流转,从而提高土地资源的配置效率,推动现代农业的发展。

在城镇融入方面,本书主要从扩大城镇就业容量、实现农民工的体面劳动与尊严生活,以及加强城镇硬环境与软环境建设等方面着手,通过增强城镇的综合承载能力,促进农民工与城镇社会的实质性融合。

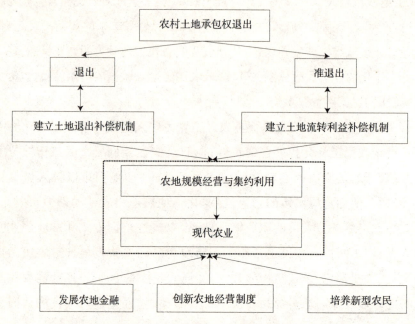

图 7-1　农民退出环节的政策架构

通过以上两个层面的政策建构与体制创新,力图实现农地集约利用和农业现代化水平的提高,同时确保已退出农地的农民在城镇里享有与城镇居民同等的福利保障和各项社会权利,使他们顺利地融入城镇社会,在城镇里"沉淀"下来。

8 结论与展望

8.1 研究结论

随着城镇化与工业化的快速发展,土地资源稀缺性问题将日益凸显。尤其是在农村社会流动不断加剧的背景下,农地荒废与被侵占并存的现象正在蔓延。如何理顺农民与农村土地之间的关系,既把农民从土地上解放出来,又不能损害农民合法的土地权益,这是当前农村土地制度改革最大难点,也是阻碍农民市民化的核心问题之一。基于现实的考察与文献的整理,本书提出了农民退出机制理论研究的逻辑框架,从农民决策意愿和尊重农民土地权益的视角,利用实证分析和规范研究相结合的方法,阐述了城镇化进程中农民退出机制的现状与困境,以及深入探讨了构建农民退出机制的政策路径。综合来看,本书提出了如下的观点:

第一,当前的农地流转制度促进了城镇化发展,推动了农村剩余劳动力向城镇转移,但是,要完成农民工向市民转变的市民化阶段,最终实现农民市民化与城镇化的协同发展,还有赖于构建一种畅通的农民退出机制,促进农民有序地从农村及农地退出,割断农民与土地之间的人身依附关系。

第二,在农地退出补偿机制缺失的情况下,进城务工农民是不会轻易地放弃农地承包权的。在保留土地承包经营权的基础上去谋求非农产业更多的收益,成为广大农民在现行的制度约束下的理性选择。农民工是否放弃土地承包权,是他们基于预期效用和未来风险做出理性的决策。在农民工

173

遭受城市经济、政治、文化、社会保障、教育和空间等多个方面的社会排斥情况下，他们不可能会放弃土地承包权。只有通过建立一种放弃激励补偿机制，才可以提高农民工退出土地承包权的意愿。

第三，如果把农民土地退出与城镇融入问题结合起来，充分考虑到农民工土地退出后的出路问题，将会大幅提高农民工退地的意愿。因此，必须把农民退出与城镇融入的内在逻辑联系起来，在此基础上研究农民退出机制的构建路径。这也是本书研究的基本思路。

第四，农民工的决策行为是内因与外因交互作用的结果。调查表明，即使有补偿条件，还有相当部分农民工不愿意放弃农地承包权。充分尊重农民意愿，维护好农民合法的土地权益，是农村土地制度改革得以顺利进行的必要前提。基于此，我们必须按照"分类管理，有序推进"的原则，依据农民的决策意愿，把进城务工农民对土地承包经营权的处置方式分为"退出"与"准退出"两种，相应地，我们需要进行两类不同性质的制度设计，即建立土地承包权退出的补偿机制与土地使用权流转的利益补偿机制。

第五，农民退出机制是个复杂的系统，它不仅涉及农民放弃农地承包权的激励问题，还涉及农地承包权退出过程中的利益分配以及农民退地后生活出路问题。因此，健全的农民退出机制应该达到双重的目标：确保已退出农民在城镇里"沉淀"下来，同时也确保农地的集约生产，为现代农业的发展和农村留守农民收入水平的提高提供物质基础。基于上述思路，本书从城乡统筹发展的维度，从农地退出与城镇融入两个层面论述了构建农民退出机制的路径选择。

8.2 研究展望

当前，中国的城镇化率正处于诺瑟姆 S 型曲线的中期阶段，即进入城镇化高速发展的阶段。可以预见，在未来相当长的一段时间内，城镇化高速发展仍将是我国经济与社会发展中的主题。与此相适应的是,农村劳动力转移进程将不断加快,农村人口将大量从农业与农村部门退出,向城镇集中。与此相应地,学术界对农村人口转移问题也必将给予持续关注。在此背景下,构筑一种农民从农村及农地良性退出的驱动模型必然成为我国学者们研究与探讨的热点课题。有鉴于此,本书的研究不管在理论上还是实践中都具有极其重要的价值。但是,由于受研究对象、研究范围和研究方法等多方面的限制,本书也还存在一些不足和欠缺的地方,有待笔者今后再做深入研究。就本研究领域而言,值得进一步深入探讨的问题还有以下三个:

第一,本书所调查的样本是在福建省福州、厦门、泉州三地市打工的农民工,他们来自全国各地。他们定居城镇意愿与退地意愿可能会受到他们对地区偏好的影响。比如,某个农民工来自于重庆,他愿意在福州定居,而且只愿意在"以土地置换城镇住房"的条件下退出土地承包权,而这个退地的条件就目前而言基本上是不现实的,如此一来,势必影响本书对策研究的实践意义。因此,对于跨区域流动且只愿意在工作所在地定居的农民工,还需要进一步研究退地补偿机制设计问题,增强制度的可操作性。

第二,本书所调查的农民工样本学历绝大部分在初中及初中以下,并不包括在城市学习、工作且户口仍在老家的大学生。随着高考招录户籍管理制度的放开,越来越多大学生没有办理户口迁移,他们在老家仍拥有部分承包地。对于这些农村生源的大学生,他们的身份属性如何界定? 他们退地决策行为以及他们对农村土地制度改革的态度如何? 这些问题都值得笔者再做深入调查研究。

第三,本书在"退地意愿"及"退地条件"的问卷调查中,只涉及土地承包权,未对宅基地退出意愿做全面的调查,只在和部分农民工交谈时才谈及宅基地问题。由于宅基地(尤其是老宅基地)往往涉及多户人家的利益,因此,从技术层面而言,制定一个操作性较强的宅基地退出机制比较困难。针对于此,如何制定合理的宅基地退出机制? 以及如何整理与有效利用宅基地? 这些问题都是值得笔者进一步深入研究的。

附录

一、进城务工农民城镇融入及
土地退出意愿调查问卷

您好!

首先感谢您的合作。为了真实了解进城务工农民的生活与工作状况,以及家乡承包田的利用情况,我们开展了这次问卷调查,期望以此做一些有益的研究,为政府部门决策提供参考。问卷不记您的单位与姓名,所回答的问题,我们也会严格保密,所以,请您认真并真实地回答问题,以使我们的研究更具真实性。调查要耽搁您一些时间,请您谅解。感谢您的支持和帮助!

A、个人及家庭的基本情况

A1、您的性别:_____;出生年:_____年。

A2、您的家乡位于:_____省_____县(市);您老家村落离最近县城的距离:_____公里。

A3、接受正规学校教育的年限:_____(年),_____年离开学校。

A4、有某种手艺吗?_____

①有 ②没有 如果有,是什么手艺:_____

A5、婚姻状况是:_____

①已婚 ②未婚

A6、户口是：_____

①非农户口　②农业户口　③没有户口

A7、您目前从事的职业是：_____

A8、您从事非农职业的意愿：_____

①很强　②强　③一般　④弱

A9、2010 年您的年收入约为：_____元。

A10、您家收入的主要来源为：_____

①农业　②以农为主兼业　③非农为主兼业　④非农业

A11、家里共几口人？_____

A12、家里 16 岁以上，65 岁以下从事劳动的人数：_____

A13、家里从事农业劳动力数：_____

A14、家里从事非农业劳动力数：_____

A15、家里共有多少亩承包地（从集体承包的地，如果没有就填0）

①耕地共_____块，总面积_____亩_____分（包括水、旱地）

②水　面_____亩_____分　③山地_____亩_____分

④林　地_____亩_____分　⑤牧地_____亩_____分

A16、家里承包地离居住地：500 米内_____亩，500—1000 米_____亩，1000 米以上_____亩。

A17、家里承包地灌溉条件总体情况：_____

①很好　②好　③一般　④差　⑤很差

A18、家乡农地流转情况：_____

①很容易　②容易　③一般　④较难　⑤很难

B、在城镇生活状况

B1、您打工年限是：_____年。

B2、您现在在城镇的住房是：_____

①单独租的　②和人合租的　③借住亲友的　④购买商品房

⑤自建的　⑥单位提供　⑦其他(请说明)_____

B3、您认为在城镇生活的最大困难是什么？第一_____、第二_____、第三_____

①社会关系少,办事艰难　　　　②工作压力太大

③住房问题不好解决　　　　　　④工作难找

⑤孩子入学麻烦太多　　　　　　⑥工作不稳定

⑦常常感到被城里人看不起　　　⑧入低

⑨消费过高　　　　　　　　　　⑩户口不好解决

⑪家中土地不好流转　　　　　　⑫城市医疗保险不好解决

⑬其他(请说明)_____

B4、您愿意留在城镇定居下来吗？_____

①愿意,想在城镇定居　②还没有考虑,但依目前情况会留在城里

③不愿意,再干几年就回老家　④如果在城里生活状况转好,会定居下来的　⑤落叶归根,年纪大了就会回老家

B5、您是否已经将您的户口正式迁到城镇？_____

①是　②否

B6、您是否将全家搬迁到城镇：_____

①是　②否

B6 回答"是"的,请回答 B7、B8、B9。

B7、您是_____年将全家搬迁至城镇的。

B8、您全家每月的生活费支出为：_____(元)

B9、您将全家迁至城镇的主要原因是：第一_____、第二_____、第三_____

①工作机会多　　　　　　　②收入较高

③在城镇工作,住在农村往来不方便　④生活比较方便

⑤有良好的教育环境　　　⑥文化娱乐活动比较丰富

⑦为全家定居城镇做准备　　⑧其他(请说明)＿＿＿＿＿

B6 回答"否"的,请回答 B10。

B10、您并未全家都搬迁到城镇,那么留在农村老家的家庭成员是(可多选):＿＿＿＿＿。

①父母　②妻子　③丈夫　④子女　⑤其他(请说明)＿＿＿＿

C、家乡资源处理情况

C1、您家原先承包的土地是:＿＿＿＿＿

①自己或家属耕种　②由亲友无偿耕种　③转包给别人耕种　④基本上已荒废　⑤已无土地,全部被征用　⑥其他(请说明)＿＿＿＿＿

C2、您家原先的房屋是如何处置的?＿＿＿＿＿

①空置在那里　②由亲属居住　③已出售给别人　④已出租给别人⑤其他(请说明)＿＿＿＿＿

C3、如果您不再从事农业,愿意将承包地退还给集体吗?（不提示补偿)＿＿＿＿＿

①愿意　②不愿意

C4、如果政府给予合理补偿(或满足 C5 中某个条件),您愿意退出承包的土地吗?＿＿＿＿＿

①愿意　②不愿意

C5、如果愿意(不愿意的无需回答),什么情况下您会退出承包的土地?第一＿＿＿＿＿、第二＿＿＿＿＿、第三＿＿＿＿＿

①给予一笔补偿金　②可以解决城里户口　③以土地置换城里的住房　④在城里有体面与稳定的工作　⑤如果子女都在城里生活与工作　⑥如果没有家庭成员在老家生活　⑦以土地置换养老保险与医疗保险　⑧可以解决子女就学或就业问题　⑨其他(请说明)＿＿＿＿＿

C6、如果不愿意退出,那么,您不想放弃承包地的原因有哪些?

（根据被调查对象的叙述,由调查人员填写）。

_____

_____

_____

C7、如果您不愿意退出农村土地,将来您是否回乡重新经营农业?

①是 ②否 ③还没有想好

C8、如果您重新选择经营农业,原因是(可以多选):_____

①非农职业风险太大 ②城里人歧视外来人 ③父母孩子要照顾

④农业收入高 ⑤现在出去赚钱难 ⑥城里限制外来人

⑦做生意失败了 ⑧工作压力太大 ⑨不适合城市生活

⑩其他(请说明)_____

最后祝您身体健康! 万事如意!

二、中华人民共和国农村土地承包法

（2002 年 8 月 29 日第九届全国人民代表
大会常务委员会第二十九次会议通过）

第一章　总　　则

第一条　为稳定和完善以家庭承包经营为基础、统分结合的双层经营体制，赋予农民长期而有保障的土地使用权，维护农村土地承包当事人的合法权益，促进农业、农村经济发展和农村社会稳定，根据宪法，制定本法。

第二条　本法所称农村土地，是指农民集体所有和国家所有依法由农民集体使用的耕地、林地、草地，以及其他依法用于农业的土地。

第三条　国家实行农村土地承包经营制度。

农村土地承包采取农村集体经济组织内部的家庭承包方式，不宜采取家庭承包方式的荒山、荒沟、荒丘、荒滩等农村土地，可以采取招标、拍卖、公开协商等方式承包。

第四条　国家依法保护农村土地承包关系的长期稳定。

农村土地承包后，土地的所有权性质不变。承包地不得买卖。

第五条　农村集体经济组织成员有权依法承包由本集体经济组织发包的农村土地。

任何组织和个人不得剥夺和非法限制农村集体经济组织成员承包土地的权利。

第六条　农村土地承包，妇女与男子享有平等的权利。承包中应当保护妇女的合法权益,任何组织和个人不得剥夺、侵害妇女应当享有的土地承包经营权。

第七条 农村土地承包应当坚持公开、公平、公正的原则,正确处理国家、集体、个人三者的利益关系。

第八条 农村土地承包应当遵守法律、法规,保护土地资源的合理开发和可持续利用。未经依法批准不得将承包地用于非农建设。

国家鼓励农民和农村集体经济组织增加对土地的投入,培肥地力,提高农业生产能力。

第九条 国家保护集体土地所有者的合法权益,保护承包方的土地承包经营权,任何组织和个人不得侵犯。

第十条 国家保护承包方依法、自愿、有偿地进行土地承包经营权流转。

第十一条 国务院农业、林业行政主管部门分别依照国务院规定的职责负责全国农村土地承包及承包合同管理的指导。县级以上地方人民政府农业、林业等行政主管部门分别依照各自职责,负责本行政区域内农村土地承包及承包合同管理。乡(镇)人民政府负责本行政区域内农村土地承包及承包合同管理。

第二章　家庭承包

第一节　发包方和承包方的权利和义务

第十二条 农民集体所有的土地依法属于村农民集体所有的,由村集体经济组织或者村民委员会发包;已经分别属于村内两个以上农村集体经济组织的农民集体所有的,由村内各该农村集体经济组织或者村民小组发包。村集体经济组织或者村民委员会发包的,不得改变村内各集体经济组织农民集体所有的土地的所有权。

国家所有依法由农民集体使用的农村土地，由使用该土地的农村集体经济组织、村民委员会或者村民小组发包。

第十三条 发包方享有下列权利：

（一）发包本集体所有的或者国家所有依法由本集体使用的农村土地；

（二）监督承包方依照承包合同约定的用途合理利用和保护土地；

（三）制止承包方损害承包地和农业资源的行为；

（四）法律、行政法规规定的其他权利。

第十四条 发包方承担下列义务：

（一）维护承包方的土地承包经营权，不得非法变更、解除承包合同；

（二）尊重承包方的生产经营自主权，不得干涉承包方依法进行正常的生产经营活动；

（三）依照承包合同约定为承包方提供生产、技术、信息等服务；

（四）执行县、乡（镇）土地利用总体规划，组织本集体经济组织内的农业基础设施建设；

（五）法律、行政法规规定的其他义务。

第十五条 家庭承包的承包方是本集体经济组织的农户。

第十六条 承包方享有下列权利：

（一）依法享有承包地使用、收益和土地承包经营权流转的权利，有权自主组织生产经营和处置产品；

（二）承包地被依法征用、占用的，有权依法获得相应的补偿；

（三）法律、行政法规规定的其他权利。

第十七条 承包方承担下列义务：

（一）维持土地的农业用途，不得用于非农建设；

（二）依法保护和合理利用土地，不得给土地造成永久性损害；

（三）法律、行政法规规定的其他义务。

第二节　承包的原则和程序

第十八条　土地承包应当遵循以下原则:

(一)按照规定统一组织承包时,本集体经济组织成员依法平等地行使承包土地的权利,也可以自愿放弃承包土地的权利;

(二)民主协商,公平合理;

(三)承包方案应当按照本法第十二条的规定,依法经本集体经济组织成员的村民会议三分之二以上成员或者三分之二以上村民代表的同意;

(四)承包程序合法。

第十九条　土地承包应当按照以下程序进行:

(一)本集体经济组织成员的村民会议选举产生承包工作小组;

(二)承包工作小组依照法律、法规的规定拟订并公布承包方案;

(三)依法召开本集体经济组织成员的村民会议,讨论通过承包方案;

(四)公开组织实施承包方案;

(五)签订承包合同。

第三节　承包期限和承包合同

第二十条　耕地的承包期为三十年。草地的承包期为三十年至五十年。林地的承包期为三十年至七十年;特殊林木的林地承包期,经国务院林业行政主管部门批准可以延长。

第二十一条　发包方应当与承包方签订书面承包合同。

承包合同一般包括以下条款:

(一)发包方、承包方的名称,发包方负责人和承包方代表的姓名、住所;

(二)承包土地的名称、坐落、面积、质量等级;

(三)承包期限和起止日期;

(四)承包土地的用途;

（五）发包方和承包方的权利和义务；

（六）违约责任。

第二十二条 承包合同自成立之日起生效。承包方自承包合同生效时取得土地承包经营权。

第二十三条 县级以上地方人民政府应当向承包方颁发土地承包经营权证或者林权证等证书，并登记造册，确认土地承包经营权。

颁发土地承包经营权证或者林权证等证书，除按规定收取证书工本费外，不得收取其他费用。

第二十四条 承包合同生效后，发包方不得因承办人或者负责人的变动而变更或者解除，也不得因集体经济组织的分立或者合并而变更或者解除。

第二十五条 国家机关及其工作人员不得利用职权干涉农村土地承包或者变更、解除承包合同。

第四节 土地承包经营权的保护

第二十六条 承包期内，发包方不得收回承包地。

承包期内，承包方全家迁入小城镇落户的，应当按照承包方的意愿，保留其土地承包经营权或者允许其依法进行土地承包经营权流转。

承包期内，承包方全家迁入设区的市，转为非农业户口的，应当将承包的耕地和草地交回发包方。承包方不交回的，发包方可以收回承包的耕地和草地。

承包期内，承包方交回承包地或者发包方依法收回承包地时，承包方对其在承包地上投入而提高土地生产能力的，有权获得相应的补偿。

第二十七条 承包期内，发包方不得调整承包地。

承包期内，因自然灾害严重毁损承包地等特殊情形对个别农户之间承包的耕地和草地需要适当调整的，必须经本集体经济组织成员的村民会议三分之二以上成员或者三分之二以上村民代表的同意，并报乡（镇）人民政府和县级人民政府农业等行政主管部门批准。承包合同中约定不得调整的,按照其约定。

第二十八条 下列土地应当用于调整承包土地或者承包给新增人口:

(一)集体经济组织依法预留的机动地;

(二)通过依法开垦等方式增加的;

(三)承包方依法、自愿交回的。

第二十九条 承包期内,承包方可以自愿将承包地交回发包方。承包方自愿交回承包地的,应当提前半年以书面形式通知发包方。承包方在承包期内交回承包地的,在承包期内不得再要求承包土地。

第三十条 承包期内,妇女结婚,在新居住地未取得承包地的,发包方不得收回其原承包地;妇女离婚或者丧偶,仍在原居住地生活或者不在原居住地生活但在新居住地未取得承包地的,发包方不得收回其原承包地。

第三十一条 承包人应得的承包收益,依照继承法的规定继承。

林地承包的承包人死亡,其继承人可以在承包期内继续承包。

第五节 土地承包经营权的流转

第三十二条 通过家庭承包取得的土地承包经营权可以依法采取转包、出租、互换、转让或者其他方式流转。

第三十三条 土地承包经营权流转应当遵循以下原则:

(一)平等协商、自愿、有偿,任何组织和个人不得强迫或者阻碍承包方进行土地承包经营权流转;

(二)不得改变土地所有权的性质和土地的农业用途;

(三)流转的期限不得超过承包期的剩余期限;

(四)受让方须有农业经营能力;

(五)在同等条件下,本集体经济组织成员享有优先权。

第三十四条 土地承包经营权流转的主体是承包方。承包方有权依法自主决定土地承包经营权是否流转和流转的方式。

第三十五条　承包期内,发包方不得单方面解除承包合同,不得假借少数服从多数强迫承包方放弃或者变更土地承包经营权,不得以划分"口粮田"和"责任田"等为由收回承包地搞招标承包,不得将承包地收回抵顶欠款。

第三十六条　土地承包经营权流转的转包费、租金、转让费等,应当由当事人双方协商确定。流转的收益归承包方所有,任何组织和个人不得擅自截留、扣缴。

第三十七条　土地承包经营权采取转包、出租、互换、转让或者其他方式流转,当事人双方应当签订书面合同。采取转让方式流转的,应当经发包方同意;采取转包、出租、互换或者其他方式流转的,应当报发包方备案。

土地承包经营权流转合同一般包括以下条款:

(一)双方当事人的姓名、住所;

(二)流转土地的名称、坐落、面积、质量等级;

(三)流转的期限和起止日期;

(四)流转土地的用途;

(五)双方当事人的权利和义务;

(六)流转价款及支付方式;

(七)违约责任。

第三十八条　土地承包经营权采取互换、转让方式流转,当事人要求登记的,应当向县级以上地方人民政府申请登记。未经登记,不得对抗善意第三人。

第三十九条　承包方可以在一定期限内将部分或者全部土地承包经营权转包或者出租给第三方,承包方与发包方的承包关系不变。

承包方将土地交由他人代耕不超过一年的,可以不签订书面合同。

第四十条　承包方之间为方便耕种或者各自需要,可以对属于同一集体经济组织的土地的土地承包经营权进行互换。

第四十一条　承包方有稳定的非农职业或者有稳定的收入来源的,经发包方同意,可以将全部或者部分土地承包经营权转让给其他从事农业生产经营的农户,由该农户同发包方确立新的承包关系,原承包方与发包方在该土地上的承包关系即行终止。

第四十二条 承包方之间为发展农业经济,可以自愿联合将土地承包经营权入股,从事农业合作生产。

第四十三条 承包方对其在承包地上投入而提高土地生产能力的,土地承包经营权依法流转时有权获得相应的补偿。

第三章 其他方式的承包

第四十四条 不宜采取家庭承包方式的荒山、荒沟、荒丘、荒滩等农村土地,通过招标、拍卖、公开协商等方式承包的,适用本章规定。

第四十五条 以其他方式承包农村土地的,应当签订承包合同。当事人的权利和义务、承包期限等,由双方协商确定。以招标、拍卖方式承包的,承包费通过公开竞标、竞价确定;以公开协商等方式承包的,承包费由双方议定。

第四十六条 荒山、荒沟、荒丘、荒滩等可以直接通过招标、拍卖、公开协商等方式实行承包经营,也可以将土地承包经营权折股分给本集体经济组织成员后,再实行承包经营或者股份合作经营。

承包荒山、荒沟、荒丘、荒滩的,应当遵守有关法律、行政法规的规定,防止水土流失,保护生态环境。

第四十七条 以其他方式承包农村土地,在同等条件下,本集体经济组织成员享有优先承包权。

第四十八条 发包方将农村土地发包给本集体经济组织以外的单位或者个人承包,应当事先经本集体经济组织成员的村民会议三分之二以上成员或者三分之二以上村民代表的同意,并报乡(镇)人民政府批准。

由本集体经济组织以外的单位或者个人承包的,应当对承包方的资信情况和经营能力进行审查后,再签订承包合同。

第四十九条　通过招标、拍卖、公开协商等方式承包农村土地,经依法登记取得土地承包经营权证或者林权证等证书的,其土地承包经营权可以依法采取转让、出租、入股、抵押或者其他方式流转。

第五十条　土地承包经营权通过招标、拍卖、公开协商等方式取得的,该承包人死亡,其应得的承包收益,依照继承法的规定继承;在承包期内,其继承人可以继续承包。

第四章　争议的解决和法律责任

第五十一条　因土地承包经营发生纠纷的,双方当事人可以通过协商解决,也可以请求村民委员会、乡(镇)人民政府等调解解决。

当事人不愿协商、调解或者协商、调解不成的,可以向农村土地承包仲裁机构申请仲裁,也可以直接向人民法院起诉。

第五十二条　当事人对农村土地承包仲裁机构的仲裁裁决不服的,可以在收到裁决书之日起三十日内向人民法院起诉。逾期不起诉的,裁决书即发生法律效力。

第五十三条　任何组织和个人侵害承包方的土地承包经营权的,应当承担民事责任。

第五十四条　发包方有下列行为之一的,应当承担停止侵害、返还原物、恢复原状、排除妨害、消除危险、赔偿损失等民事责任:

(一)干涉承包方依法享有的生产经营自主权;

(二)违反本法规定收回、调整承包地;

(三)强迫或者阻碍承包方进行土地承包经营权流转;

(四)假借少数服从多数强迫承包方放弃或者变更土地承包经营权而进行土地承包经营权流转;

(五)以划分"口粮田"和"责任田"等为由收回承包地搞招标承包;

（六）将承包地收回抵顶欠款；

（七）剥夺、侵害妇女依法享有的土地承包经营权；

（八）其他侵害土地承包经营权的行为。

第五十五条 承包合同中违背承包方意愿或者违反法律、行政法规有关不得收回、调整承包地等强制性规定的约定无效。

第五十六条 当事人一方不履行合同义务或者履行义务不符合约定的，应当依照《中华人民共和国合同法》的规定承担违约责任。

第五十七条 任何组织和个人强迫承包方进行土地承包经营权流转的，该流转无效。

第五十八条 任何组织和个人擅自截留、扣缴土地承包经营权流转收益的，应当退还。

第五十九条 违反土地管理法规，非法征用、占用土地或者贪污、挪用土地征用补偿费用，构成犯罪的，依法追究刑事责任；造成他人损害的，应当承担损害赔偿等责任。

第六十条 承包方违法将承包地用于非农建设的，由县级以上地方人民政府有关行政主管部门依法予以处罚。

承包方给承包地造成永久性损害的，发包方有权制止，并有权要求承包方赔偿由此造成的损失。

第六十一条 国家机关及其工作人员有利用职权干涉农村土地承包，变更、解除承包合同，干涉承包方依法享有的生产经营自主权，或者强迫、阻碍承包方进行土地承包经营权流转等侵害土地承包经营权的行为，给承包方造成损失的，应当承担损害赔偿等责任；情节严重的，由上级机关或者所在单位给予直接责任人员行政处分；构成犯罪的，依法追究刑事责任。

第五章　附　　则

第六十二条 本法实施前已经按照国家有关农村土地承包的规定承

包,包括承包期限长于本法规定的,本法实施后继续有效,不得重新承包土地。未向承包方颁发土地承包经营权证或者林权证等证书的,应当补发证书。

第六十三条 本法实施前已经预留机动地的,机动地面积不得超过本集体经济组织耕地总面积的百分之五。不足百分之五的,不得再增加机动地。

本法实施前未留机动地的,本法实施后不得再留机动地。

第六十四条 各省、自治区、直辖市人民代表大会常务委员会可以根据本法,结合本行政区域的实际情况,制定实施办法。

第六十五条 本法自 2003 年 3 月 1 日起施行。

参考文献

1. S. Popkin, *the Rational Peasant: the Political Economy of Rural Society in Vietnem*, Berkeley: University of California Press, 1979.

2. Clifford Geertz, *Agricultural Involution: the Processes of Ecological Change in Indonesia*, University of California Press, 1963.

3. Hare D. , " ' Push' Versus ' Pull' , Factors In Migration outflows And Returns: Determinants of Migration Status And Spell Duration Among China's Rural Population", *Journal of Development Studies*, 1999, 35(3).

4. Brandtloren, *Commercialization and Agricultural Development in East-Central China, 1870 - 1937*, Cambridge: Cambridge University Press, 1989.

5. Rawski Thomas G. , *Economic Growth in Prewar China*, Berkeley: University of California Press, 1989.

6. Faure David. , *The Rural Rconomy of Pre-liberation China*, Hong Kong: Oxford University Press, 1989.

7. Harris John R. & Todaro M. P. , " Migration, Unemployment And Development: A Two-Sectors Analysis", *The Ameriean Economic Review*, 1970, 70 (Mareh).

8. Heckman J. J. , "Sample selection bias as a specification error", *Eeonometrica*, 1979, 47(1).

9. Jorgenson D. W. , "Surplus Agricultural Labour and The Development of A Dual Economy", *Oxford Economic Papers*, 1967(2).

192

10. Jorgenson D. W. , "The Development of A Dual Eeonomy", *Eeonomic journal*, 1961, 71 (June).

11. John K. & Song L. N. , "Towards A Labor Market In China", *Oxford Review of Eeonomic Policy*, 1996, 11 (4).

12. John K. & Song L. N. , "Chinese Peasant Choices: Migration, Rural hidustry or Farming", *Oxford Development Studies*, 2003, 31 (2).

13. Nan L. & Bian Y. J. , "Getting Ahead In Urban China", *The American Journal of Sociology*, 1991, 97 (3).

14. Nee V. , "The emergence of a market society: changing mechanisms of stratification in china", *American Joumal of Sociology* 1996, 101.

15. Peter N. , " Economic Reform, Poverty and Migration in China", *Eeonomic And Political Weekly*, 1993, 26 (June).

16. Ranis G. & Fei J. C. A, "Theory of Economic Development", *The American Eeonomic Review*, 1961, 51 (SePtember).

17. Reddy V. & Findeis J. , "Determinants of Off-farm Labor Force Participation: Implications for Low Income Farm Families", *North Central Journal of Agricultural Eeonomics*, 1988, 10 (1).

18. B. Hindeas, *Political Choice & Structure*, England: Edward Elgar Publishing Ltd, 1989.

19. Xueguang Zhou, " Economic Transformation and Income Inequality in Urban China: Evidence from a Panel Data", *American Journal of Sociology*, vol. 105, no. 4 (Jan. 2000).

20. Todaro M. P. , "1969, Amodel of Labor Migration and Urban Unemployment in Less Development Counties", *American Economics Reviews*, 59.

21. Yang Dennis T. , "Knowledge Spillovers and Labor Assignments of the Farm Household", University of Chicago, Ph. D. Dissertation.

22. Zhao Yaohui, "Labor Mobility and Migration and Returns to Education

in Rural China", University of Chicago, Ph. D. Dissertation.

23. Michael Lipton, "the Theory of the Optimizing Peasant", *Journal of Development Studies*, 1968, 4.

24. Yoshimi Kuroda and Pan Yotopoulos, "A Microeconomic Analysis of Production Behavior of the Farm Household in Japan: A Profit Function Approach", *The Economic Review (Japan)*, 1978, 29.

25. H. N. Barnum, L. Squire, "A Model of an Agricultural Household: Theory and Evidence", *World Bank Occasional Paper No. 27*, Washington DC: World Bank.

26. A. Low, *Agricultural Development in Southern Africa: Household-Economics and the Food Crisis*, London: James Curry, 1986.

27. Karl, Polanyi, Arensberg M. Conrad & Harry W. Pearson & eds, *Trade and Market in the Early Empires: Economics in History and Thoery*, Glencoe, III: Free Press, 1957.

28. Daniel Little, *Understanding Peasant China*, Yale Univeraity Press, 1989.

29. E. Lichtenberg, C. G Ding, "Assessing Farmland Protection Policy in China", *Land Use Policy*, 2008, 25(1).

30. 毕世杰:《发展经济学》,高等教育出版社 1999 年版。

31. 刘传江:《中国农民工市民化进程研究》,人民出版社 2008 年版。

32. 蔡昉:《劳动力迁移的两个过程及其制度障碍》,《社会学研究》2001 年第 4 期。

33. 刘洪仁:《转型期农民分化问题的实证研究》,《中国农村观察》2005 年第 4 期。

34. 葛晓巍:《市场化进程中农民职业分化及市民化研究》,浙江大学 2007 年版。

35. 陈会广、单丁洁:《农民职业分化、收入分化与农村土地制度选择——来自苏鲁辽津四省市的实地调查》,《经济学家》2010 年第 4 期。

36. 简新华、黄锟:《中国工业化和城市化过程中的农民工问题研究》,人民出版社 2008 年版。

37. 陈怀远:《论新时期社会整合三大力量的调配》,《江汉论坛》2001 年第 2 期。

38. 王竹林:《城市化进程中农民工市民化研究》,中国社会科学出版社 2009 年版。

39. 程为敏:《社会流动中的边缘群体》,《农村经济与社会》1994 年第 3 期。

40. 刘晓丽、戴文浪:《城市化进程中农民迁移意愿影响因素研究——基于广东 298 位农民的实证分析》,《广东农业科学》2011 年第 1 期。

41. 王春超:《中国农户就业决策与劳动力流动》,人民出版社 2010 年版。

42. 段若鹏等:《中国现代化进程中的阶层结构变动研究》,人民出版社 2002 年版。

43. 张雅丽:《中国工业化进程中农村劳动力转移研究》,中国农业出版社 2008 年版。

44. 费孝通:《江村经济——中国农民的生活》,江苏人民出版社 1986 年版。

45. 严正:《中国城市发展问题报告》,中国发展出版社 2004 年版。

46. 耿现江:《一场农业革命的开始——纪念潍坊市率先组织实施农业产业化战略 10 周年》,《中国农村经济》2003 年第 12 期。

47. [美]格尔哈斯·伦斯基:《权力与特权:社会分层理论》,浙江人民出版社 1988 年版。

48. "中国城镇劳动力流动"课题组:《中国劳动力市场建设与劳动力流动》,《管理世界》2002 年第 3 期。

49. "中国农村劳动力流动"课题组:《农村劳动力外出就业决策的多因

素分析模型》，《社会学研究》1997 年第 1 期。

50. ［法］H.孟德拉斯著、李陪林译：《农民的终结》，社会科学文献出版社 2005 年版。

51. 白南生、宋洪远：《回乡，还是进城？——中国农村外出劳动力回流研究》，中国财政经济出版社 2002 年版。

52. 蔡昉、都阳、王美艳：《户籍制度与劳动力市场保护》，《经济研究》2001 年第 12 期。

53. 蔡昉、都阳、王美艳：《劳动力流动的政治经济学》，上海人民出版社 2003 年版。

54. 蔡昉：《2001 年中国人口问题报告——教育、健康与经济增长》，社会科学文献出版社 2001 年版。

55. 陈金永：《中国户籍制度改革和城乡人口迁移》，社会科学文献出版社 2006 年版。

56. 胡鞍钢：《非正规部门和非正规就业：特点、障碍及对策》，劳动和社会保障部 2000 年非正规部门就业研讨会论文。

57. 胡鞍钢：《解决农民工问题是中国农民的第三次解放》，《外滩画报》2005 年第 3 期。

58. ［法］H.孟德拉斯：《农民的终结》，社会科学文献出版社 1991 年版。

59. 霍利斯·钱纳里等著、李新华等译：《发展的型式：1950—1970》，经济科学出版社 1988 年版。

60. 姜开圣：《农业产业化龙头企业的发展壮大及其对农民收入的影响》，《农业经济问题》2003 年第 3 期。

61. 钟涨宝、聂建亮：《建立健全农村土地承包经营权退出机制初探》，《理论与改革》2010 年第 5 期。

62. 贾俊民：《全面转型中的中国当代农民》，新华出版社 1998 年版。

63. 吉尔伯特·罗兹曼：《中国的现代化》，江苏人民出版社 1995 年版。

64. 孔祥智：《聚焦"三农"》上、中、下卷，中央编译出版社 2004 年版。

65. 孔祥智:《中国三农前景报告》,中国时代经济出版社2005年版。

66. 科塞:《社会冲突的功能》,华夏出版社1999年版。

67. 李培林:《农民工——中国进城农民工的经济社会分析》,社会科学文献出版社2003年版。

68. 李拓:《和谐与冲突——改革开放以来中国阶级阶层结构问题研究》,中国财政经济出版社2002年版。

69. 刘洪仁:《农业产业化政策实施探析》,《理论视野》2005年第5期。

70. 刘初旺:《土地经营权流转与农业产业化经营》,《农业经济问题》2003年第12期。

71. 卢海元:《农村社保制度:中国城镇化的瓶颈》,《经济学家》2002年第3期。

72. 刘晏玲:《当前我国农业劳动力流动中的社会问题及其对策》,《社会学研究》1994年第2期。

73. 李景鹏:《当代中国社会利益结构的变化政治发展》,《天津社会科学》1994年第3期。

74. 陆学艺:《当代中国社会流动》,社会科学文献出版社2004年版。

75. 陆学艺:《转型时期农民的阶层分化》,《中国社会科学》1992年第4期。

76. 陆学艺、景天魁:《转型中的中国社会》,黑龙江人民出版社1994年版。

77. 陆学艺:《当代中国社会阶层研究报告》,社会科学文献出版社2002年版。

78. 陆学艺:《"三农论"——当代中国农业、农村、农民研究》,社会科学出版社2004年版。

79. 陆学艺:《改革中的农村与农民》,中央党校出版社1992年版。

80. 李强:《社会分层与贫富差距》,福州鹭江出版社2000年版。

81. 李强:《当代中国社会分层与流动》,中国经济出版社1993年版。

82. 李强:《关于中产阶级和中间阶层》,《中国人民大学学报》2001 年第 4 期。

83. 李强:《转型时期的中国社会分层结构》,黑龙江人民出版社 2002 年版。

84. 李路路、王奋宇:《当代中国现代化进程中的社会结构及其变迁》,浙江人民出版社 1992 年版。

85. 刘易斯·A. 科瑟:《社会学思想名家》,中国社会科学出版社 1990 年版。

86. 李培林:《中国新时期阶级阶层报告》,辽宁人民出版社 1995 年版。

87. 李金:《领域分化与中国的社会运行》,《天津社会科学》1995 年第 4 期。

88. 李普塞特著、张华青等译:《一致与冲突》,上海人民出版社 1995 年版。

89. 林毅夫:《有关当前农村政策的几点意见》,《农业经济问题》2003 年第 6 期。

90. 刘欣:《相对剥夺地位与阶层认知》,《社会学研究》2002 年第 1 期。

91. 刘豪兴:《农村社会学》,中国人民大学出版社 2004 年版。

92. 李元书、薛立强:《当代中国社会主导阶层的变化和发展》,《理论探讨》2005 年第 4 期。

93. 卢福营:《论中国农民分化的多元化特征》,《社会主义研究》1993 年第 5 期。

94. 卢福营、徐勇:《论中国农村居民分化》,《上海社科院学术季刊》1995 年第 3 期。

95. 牛若峰:《中国的"三农"问题回顾与展望》,中国社会科学出版社 2004 年版。

96. 秦晖:《农民流动与经济要素配置优化》,《改革》1996 年第 3 期。

97. 秦富、王秀清等:《国外农业支持政策》,中国农业出版社 2003

年版。

98. 邱振崑:《Excel 在经济统计中的应用》,中国青年出版社 2002年版。

99. 渠桂萍:《乡村民众视野中的社会分层——以 20 世纪 20 年代至 40年代初华北乡村为例》,《中国社会科学文摘》2005 年第 2 期。

100. 綦好东:《税费改革、村级财务及公共品融资》,《中国农村经济》2003 年第 7 期。

101. 饶会林:《城市经济学》,东北财经大学出版社 1999 年版。

102. 汝信、陆学艺、李培林:《2002 年中国社会形势分析与预测》,社会文献出版社 2002 年版。

103. R. 科斯、A. 阿尔钦等:《财产权利与制度变迁——产权学派与新制度学派译文集》,上海人民出版社 2000 年版。

104. 塞缪尔·P. 亨廷顿:《变迁社会中的政治秩序》,三联书店 1989年版。

105. 斯温杰伍德:《社会学思想简史》,社会科学文献出版社 1988年版。

106. 斯梅尔塞:《变迁的机制与适应变迁的机制》,《国外社会学》1993年第 2 期。

107. 宋林飞:《"民工潮"的形成、趋势与对策》,《中国社会科学》1995年第 4 期。

108. 孙立平:《改革以来中国社会结构的变迁》,《中国社会科学》1994年第 2 期。

109. 李景鹏:《当代中国社会利益结构的变化政治发展》,《天津社会科学》1994 年第 3 期。

110. 聂盛:《我国农民的"退出"与"呼吁"机制分析——透视农民问题的新视角》,《湖北社会科学》2005 年第 2 期。

111. 赵耀辉:《中国农村劳动力流动及教育在其中的作用》,《经济研究》1997 年第 2 期。

112. 刘洪仁:《农民分化问题研究综述》,《山东农业大学学报》(社科版)2006 年第 1 期。

113. 姜作培:《从战略高度认识农民市民化》,《现代经济探讨》2002 年第 12 期。

114. 姜作培:《城市化进程中农民市民化推进方略构想》,《深圳大学学报》(人文社会科学版)2003 年第 2 期。

115. 刘源、潘素昆:《社会资本因素对失地农民市民化的影响分析》,《经济经纬》2007 年第 5 期。

116. 路小昆等:《徘徊在城市边缘:城郊农民市民化问题研究》,四川人民出版社 2009 年版。

117. 郑杭生:《农民市民化:当代中国社会学的重要研究主题》,《甘肃社会科学》2005 年第 4 期。

118. 王正中:《以市民化推进农民的现代化》,《马克思主义与现实》2006 年第 6 期。

119. 陈映芳:《征地农民的市民化——上海市的调查》,《华东师范大学学报》(哲学社会科学版)2003 年第 3 期。

120. 文军:《农民市民化:从农民到市民的角色转型》,《华东师范大学学报》(哲学社会科学版)2004 年第 3 期。

121. 吴业苗:《居村农民市民化:何以可能? ——基于城乡一体化进路的理论与实证分析》,《社会科学》2010 年第 7 期。

122. 文军:《论农民市民化的动因及其支持系统——以上海市郊区为例》,《华东师范大学学报》(哲学社会科学版)2006 年第 4 期。

123. 田珍:《农民市民化的路径选择与逻辑次序——基于农民群体分化的视角》,《农村经济》2010 年第 6 期。

124. 田珍:《农民群体分化与农民工市民化》,《宁夏社会科学》2009 年第 5 期。

125. 杨东:《城市化进程中农民市民化问题研究》,《理论探索》2003 年第 6 期。

126. 郑兴明:《农地金融:何以可能与何以可为——基于农地流转的思考》,《理论探索》2009 年第 6 期。

127. 郑兴明:《农村土地流转中农民利益补偿机制的构建》,《华中农业大学学报》(社会科学版)2009 年第 6 期。

128. 郑兴明:《增加劳动报酬:实现体面劳动与尊严生活的关键——基于马克思劳动力价值理论的阐释》,《南京航空航天大学学报》(社会科学版)2011 年第 1 期。

129. 许树辉:《农村住宅空心化形成机制及其调控研究》,《国土与自然资源研究》2004 年第 1 期。

130. 薛力:《城市化背景下的"空心村"现象及其对策探讨——以江苏省为例》,《城市规划》2001 年第 6 期。

131. 秦晖:《"恰亚诺夫主义":成就与质疑——评 A. B. 恰亚诺夫〈农民经济组织〉》,《马克思主义研究论丛》第 5 辑,中央编译出版社 2006 年版。

132. 西奥多·W 著、梁小民译:《舒尔茨:改造传统农业》,商务印书馆1999 年版。

133. 郑杭生、汪雁:《农户经济理论再议》,《学海研究》2005 年第 3 期。

134. 周小刚、陈东有、刘顺百:《农民市民化问题研究综述》,《经济纵横》2009 年第 9 期。

135. 王学斌:《农村土地抛荒现象与中国的粮食安全问题》,《世界经济情况》2007 年第 3 期。

136. 马国忠:《土地承包的稳定性和土地抛荒的现实性》,《农村经济》2008 年第 7 期。

137. 钟涨宝、聂建亮:《论农地适度规模经营的实现》,《农村经济》2010 年第 5 期。

138. 吉登斯:《现代性的后果》,译林出版社 2000 年版。

139. 白建宜:《促进我国农村剩余劳动力转移的思考》,《理论与改革》2004 年第 3 期。

140. 刘金海、宁玲玲:《土地承包经营权:农民的财产权利》,《经济体制改革》2003 年第 6 期。

141. 刘守英:《按照依法、自愿、有偿的原则进行土地承包经营权流转》,《求是》2003 年第 5 期。

142. 中国农民工战略问题研究课题组:《中国农民工现状及其发展趋势总报告》,《改革》2009 年第 2 期。

143. 张祝平:《新生代农民工的生存状态、社会认同与社会融入:浙江两市调查》,《重庆社会科学》2010 年第 2 期。

144. 幸丽萍:《城乡二元结构视角下的农民工消费研究》,《理论探讨》2010 年第 5 期。

145. 于丽敏、王国顺:《东莞农民工消费结构的灰色关联度分析》,《当代经济研究》2010 年第 5 期。

146. 王春光:《对中国农村流动人口"半城市化"的实证分析》,《学习与探索》2009 年第 5 期。

147. 白晓梅:《城市化视野的农民工社区融入类型剖析》,《重庆社会科学》2010 年第 7 期。

148. 李珂、柳娥:《城镇化进程亟须农民工实现城市融入》,《理论前沿》2009 年第 23 期。

149. 吴兴陆:《农民工迁移决策的社会文化影响因素探析》,《中国农村经济》2005 年第 1 期。

150. 王桂新、罗恩立:《上海市外来农民工社会融合现状调查研究》,《华东理工大学学报》2007 年第 3 期。

151. 孙立平:《农民工如何融入城市》,《发展论坛》2007 年第 5 期。

152. 李强、孟蕾:《"边缘化"与社会公正》,《天津社会科学》2011 年第 1 期。

153. 王小章:《从"生存"到"承认":公民权视野下的农民工问题》,《社会学研究》2009 年第 1 期。

154. 冯振东:《关于我国农民市民化政策性壁垒问题思考》,《延安大学学报》2007 年第 2 期。

155. 张文宏、雷开春:《城市新移民社会融合的结构、现状与影响因素分析》,《社会学研究》2008 年第 5 期。

156. 胡艳辉:《论文化排斥情境中农民工市民化困境》,《湖湘论坛》2009 年第 1 期。

157. 吴玉军、宁克平:《城市化进程中农民工的城市认同困境》,《浙江社会科学》2007 年第 7 期。

158. 张国胜:《农民工市民化的城市融入机制研究》,《江西财经大学学报》2007 年第 2 期。

159. 胡放之、秦丽娟:《农民工融入城市的困境——基于制度排斥与工资歧视的分析》,《湖北社会科学》2008 年第 12 期。

160. 陆林:《融入与排斥的两难:农民工入城的困境分析》,《西南大学学报》2007 年第 11 期。

161. 杨轩、陈俊峰:《近年来农民工城镇融入研究述评》,《中国名城》2011 年第 10 期。

162. 江立华、胡杰成:《社会排斥与农民工地位的边缘化》,《华中科技大学学报》(社会科学版)2006 年第 6 期。

163. 朱农:《中国劳动力流动与"三农"问题》,武汉大学出版社 2005 年版。

164. 吴琛:《中国悄然转向"体面与尊严"社会》,《时代邮刊》2010 年第 6 期。

165. 陈明:《农地产权制度创新与农民土地财产权利保护》,湖北人民出版社 2006 年版。

166. 李佐军:《劳动力转移的就业条件和制度条件》,中国社会科学院

2003 年博士学位论文。

167. 程名望:《中国农村劳动力转移:机理、动因及障碍》,上海交通大学 2007 年博士学位论文。

168. 程名望、史清华、赵永柯:《我国农村劳动力转移的研究现状:一个文献综述》,《广西经济管理干部学院学报》2007 年第 1 期。

169. 徐明华:《关于湖南农村土地流转的调查与思考》,《新湘评论》2009 年第 1 期。

170. 杨建光:《构建农地金融制度的思考——统筹城乡发展的另一视角》,《天府新论》2009 年第 3 期。

171. 黄宗智:《中国农村的过密化与现代化:规范认识危机及出路》,上海社会科学出版社 1992 年版。

172. 朱信凯:《农民市民化的国际经验及对我国农民工问题的启示》,《中国软科学》2005 年第 1 期。

173. 王春光:《新生代农民工的社会认同与城乡融合之间的关系》,《社会学研究》2001 年第 3 期。

174. 王奋宇、赵延东:《流动民工的经济地位获得及决定因素》,社会科学文献出版社 2003 年版。

175. 王汉生、刘世定、孙立平:《"浙江村":中国农民进入城市的一种独特方式》,《社会学研究》1997 年第 1 期。

176. 王毅杰、童星:《流动农民社会支持网探析》,《社会学研究》2004 年第 2 期。

177. 王毅杰、童星:《流动农民职业获得途径及其影响因素》,《江苏社会科学》2003 年第 5 期。

178. 韦曙林、许经勇:《透过"民工荒"现象看其问题的本质》,《学术研究》2005 年第 1 期。

179. [美]伍德里奇:《计量经济学导论:现代观点》,中国人民大学出版社 2003 年版。

180.项飚:《社区何为——对北京流动人口聚居区的研究》,《社会学研究》1998 年第 6 期。

181.许欣欣:《从职业评价与择业取向看中国社会结构变迁》,《社会学研究》2000 年第 3 期。

182.杨云彦、陈金永:《转型劳动力市场的分层与竞争——结合武汉的实证分析》,《中国社会科学》2000 年第 5 期。

183.俞萍:《市场经济中市民职业流动与阶层分化重组的特征》,《社会科学研究》2002 年第 6 期。

184.袁方:《社会研究方法教程》,北京大学出版社 2004 年版。

185.张林秀、霍艾米、罗斯高等:《经济波动中农户劳动力供给行为研究》,《农业经济问题》2000 年第 5 期。

186.张宛丽:《非制度因素与地位获得——兼论现阶段中国社会分层结构》,《社会学研究》1996 年第 1 期。

187.张文彤:《SPSS 统计分析高级教程》,高等教育出版社 2004 年版。

188.张小建、周其仁:《中国农村劳动力就业流动研究报告》,中国劳出版社 1999 年版。

189.张佑林:《二元经济结构下的农村剩余劳动力流动探析》,《农业经济问题》2004 年第 12 期。

190.赵延东、王奋宇:《城乡流动人口的经济地位获得及决定因素》,《中国人口科学》2002 年第 4 期。

191.赵耀辉:《中国农村劳动力流动及教育在其中的作用》,《经济研究》1997 年第 2 期。

192.周皓:《中国人口迁移的家庭化趋势及影响因素分析》,《人口研究》2004 年第 6 期。

193.周其仁:《机会与能力——中国农村劳动力的就业和流动》,《管理世界》1997 年第 5 期。

194.周毅:《中国人口流动的现状和对策》,《社会学研究》1998 年第

3 期。

195. 朱又红:《我国农村社会变迁与农村社会学研究述评》,《社会学研究》1997 年第 6 期。

196. 邹农俭:《论农民的非农民化》,《社会科学战线》2002 年第 1 期。

197. 谭术魁:《农民为何撂荒耕地》,《中国土地科学》2001 年第 5 期。

198. 郗鼎玖、许大文:《农村土地抛荒问题的调查与分析》,《农业经济问题》2000 年第 12 期。

199. 张斌:《我国农村抛荒耕地问题探讨》,《农业现代化研究》2001 年第 6 期。

200. 杨涛、朱博文、雷海章等:《对农村耕地抛荒现象的透视》,《中国人口资源与环境》2002 年第 2 期。

201. 谭术魁:《耕地撂荒程度描述、可持续性评判指标体系及其模式》,《中国土地科学》2003 年第 6 期。

202. 冯艳芬、董玉祥、王芳:《大城市郊区农户弃耕行为及影响因素分析》,《自然资源学报》2010 年第 7 期。

203. 徐莉:《我国农地撂荒的经济学分析》,《经济问题探索》2010 年第 8 期。

204. 杨涛、王雅鹏:《农村耕地撂荒与土地流转问题的理论探析》,《调研世界》2003 年第 2 期。

205. 王为民、李相敏:《农村社会保障缺失下的土地撂荒问题研究》,《山东社会科学》2008 年第 4 期。

206. 刘润秋、宋艳艳:《农地抛荒的深层次原因探析》,《农村经济》2006 年第 1 期。

207. 曹志宏、郝晋珉、梁流涛:《农户耕地撂荒行为经济分析与策略研究》,《农业技术经济》2008 年第 3 期。

208. 赵振华:《当前中国农民工收入分析》,《党政干部学刊》2009 年第 5 期。

209. 刘克春:《农户农地使用权流转决策行为研究》,中国农业出版社2007 年版。

210. 高云峰:《农业产业化发展中的金融约束与金融支持》,《农业经济问题》2003 年第 8 期。

211. 韦俊虹:《对农村股份合作制的多维思考》,《农村经济》2006 年第4 期。

212. 赵化楠:《完善我国现行农村土地流转:政策建议》,《现代商业》2009 年第 6 期。

213. 邹新树:《中国城市农民工问题》,群言出版社 2007 年版。

214. 威廉·配第:《赋税论》,商务印书馆 1978 年版。

215. 韦伟:《城乡二元就业体制转换的制度分析》,《中国经济问题》2005 年第 3 期。

216. 吴敬琏:《农村剩余劳动力转移与"三农"问题》,《宏观经济研究》2006 年第 6 期。

217. 王作峰:《小城镇建设与农村耕地保护对策》,《农村经济》2006 年第 4 期。

218. 危丽、杨先斌:《农村劳动力转移的博弈分析》,《经济问题》2005年第 9 期。

219. 朱农:《论收入差距对中国乡城迁移决策的影响》,《人口与经济》2002 年第 5 期。

220. 陈书卿、刁承泰、常丹青:《统筹城乡发展视角下的重庆市土地资源承载力及农民市民化研究》,《农业现代化研究》2009 年第 5 期。

221. 朱新方:《如何防范土地承包经营权流转过程中可能出现的问题》,《中国党政干部论坛》2009 年第 1 期。

222. 曾国平、曹跃群:《改革开放以来中国第三产业经济增长与扩大就业的实证研究》,《华东经济管理》2005 年第 2 期。

223. 蒲艳萍、蒲勇健:《三次产业与中国就业:增长趋势及国际比较》,

《生产力研究》2005 年第 6 期。

224. 胡风:《中国农村劳动力转移的研究:一个文献综述》,《浙江社会科学》2007 年第 1 期。

后　记

　　本书是在笔者博士论文的基础上经过修改和进一步深化而形成的研究成果。

　　中国农村是个多彩的世界,也是一个让人心痛的世界。

　　我出生在农村,福建省福清市海边的一座小村庄。我的童年、青少年都是在农村度过的。与年轻一代相比,我的童年,多了一份人生的艰辛。那是一个贫困、物质匮乏的年代,也是一个所谓的"火红"、"革命"的年代。正是因为贫困,我们才珍惜一切来之不易的东西,才懂得在逆境中奋斗,改变现状。"跳农门"、"吃上皇粮"成为我们孩童时代最大的梦想。多少次夕阳西下,我眺望着远方,憧憬着美好的未来;多少次我站在地图下,寻找我心目中的城市。

　　1987 年,经过高中三年的寒窗苦读,我如愿地考上了大学,但是学习的却是我不喜欢的矿山地质专业。经过短暂的心里适应期,我开始接受现实,并顺利完成大学学业。大学毕业后,我被分配到福建省龙岩地区一家铁矿。在矿山工作期间,我默默无闻地奋斗在生产第一线,从技术员、助理工程师到能够独当一面的工程师,每一次的进步都凝聚了我的努力与艰辛。

　　1998 年,感受到市场经济的洪流在身边激荡澎湃,我喜欢上了经济学,于是参加了由厦门大学主考的经济学自考本科学习,通过努力修完了经济学主干课程。为了在更高层次上把握经济学真谛,我下定决心去攻读经济学硕士。经过几个月的精心准备,2002 年 1 月我参加了全国硕士研究生入学考试,最终以优良的成绩考上福建师范大学西方经济学硕士研究生,师从原福建省社会科学院院长严正教授。严老师敏捷的思维、广博的学识、严谨的治学态度让我终身受益！研究生毕业后，我来到了福建农林大学工作，在教学与科研岗位上发挥我的专长。

福建农林大学是一所办学历史悠久的多科性大学，在农业与农村发展研究方面积累了丰厚的资料，研究成果显著。在浓厚的"三农"教研氛围中，我逐渐把研究方向转移到农业与农村发展的视野上来，应用已有的经济学理论基础来探讨农业、农村与农民问题。2009年，我又依然报考了福建农林大学农业经济管理专业博士研究生，并于当年顺利地被录取。

生于农村，长于农村的我，已然做了多年的城里人，孩童时代的梦想终于得到实现。正是来自于农村，我对"三农"问题有了更深刻的认识，且由于学习与工作的经历，我也踏过了大江南北的许多农村，农村的贫困与落后给我留下了深刻的印象。而攻读农业经济管理博士学位，不仅是为了深入研究的需要，也正是我兴趣使然。在接到博士录取通知书的那刻，我深深感谢命运对我的眷顾。

岁月如梭，眨眼间博士学习生涯的三年便已逝去，刚入学时同学们互相介绍的情景仿佛就在昨天。而今我的博士论文已经完成，并顺利地通过了论文答辩，虽然有种如释重负的感觉，却也让我感慨万千！获得博士学位一直以来是我梦寐以求的目标，遗憾的是这一目标却是从不惑之年开始，由此也注定了我的这条路会充满各种坎坷与艰辛。回首三年的学习时间，许许多多老师、同学、亲人和朋友给了我热心的指导、无私的帮助和真诚的关爱，我对他们的感激之情难以用言语来表达！

首先要感谢我的指导老师许文兴教授！博士论文是在许老师的悉心指导下完成的，从论文选题到开题报告，从调查问卷的设计到论文的内容和结构，在每个环节上许老师都给予我细心的指导。导师敏锐的洞察力与务实求新的治学风范为我的博士论文撰写提供了关键启发与帮助，使我受益匪浅，也为今后的学术研究打下了良好基础。要感谢浙江大学陆文聪教授、福建省科技厅吴立增处长、福建农林大学经济与管理学院黄和亮教授、王文烂教授、郑金英教授在我论文开题时所提出的宝贵的指导和修改意见！同时感谢为我们授课并给予我诸多指导的刘伟平教授、杨建洲教授、王林萍教授、徐学荣教授、蔡贤恩教授、张文琪教授、吴声怡教授、郑传芳教授、郑庆昌教授以及学院的其他许多老师；感谢班长简盖元以及傅超波、银小柯、占纪文、郑思宁等所有同学的相互鼓励和帮助，特别值得一提的是，傅超波同学在百忙之中抽空帮我修改英文摘要，正是因为他的热心帮助，才使我的英文翻译准确达意。

三年的学习，特别是一年多紧张的毕业论文撰写，妻子林清英和爱子郑方给予了大力支持。妻子为了我的学习，默默承担了几乎所有家务。因为忙于学习，我几乎没有好好辅导过儿子的学习。在此，我深感内疚，同时，也为他们的理解与支持表示由衷的感激。

最后，论文能以专著的形式出版，有赖于工作单位领导、同事的支持和鼓励。在此我特别感谢福建农林大学马克思主义学院党委书记阮晓菁、院长叶飞霞和副院长吴锦程给予的大力支持。本书的出版也得到了福建农林大学出版基金资助，在此一并表示感谢！

衷心感谢所有关心和帮助过我的老师和同事！衷心感谢我的家人！正因为有了他们，我所做的一切才更有意义；也正是因为有了他们，我才有了追求进步的勇气和信心。由于自身专业水平的不足，本书研究肯定还存在许多不足之处，恳请各位专家和学者批评指正，不胜感谢！

郑兴明

2012 年中秋于福州金山

责任编辑:詹素娟
装帧设计:周涛勇
责任校对:史　伟

图书在版编目(CIP)数据

中国城镇化进程中农民退出机制研究/郑兴明 著.
　-北京:人民出版社,2012.12
(社会主义新农村建设研究系列)
ISBN 978－7－01－011607－5

Ⅰ.①中…　Ⅱ.①郑…　Ⅲ.①农村-土地问题-研究-中国　Ⅳ.①F321.1

中国版本图书馆 CIP 数据核字(2012)第 312143 号

中国城镇化进程中农民退出机制研究
ZHONGGUO CHENGZHENHUA JINCHENG ZHONG NONGMIN TUICHU JIZHI YANJIU

郑兴明　著

人民出版社 出版发行
(100706　北京市东城区隆福寺街99号)

北京市文林印务有限公司印刷　新华书店经销

2012 年 12 月第 1 版　2012 年 12 月北京第 1 次印刷
开本:710 毫米×1000 毫米 1/16　印张:13.75
字数:230 千字

ISBN 978－7－01－011607－5　定价:38.00 元

邮购地址 100706　北京市东城区隆福寺街 99 号
人民东方图书销售中心　电话 (010)65250042　65289539